AF596077

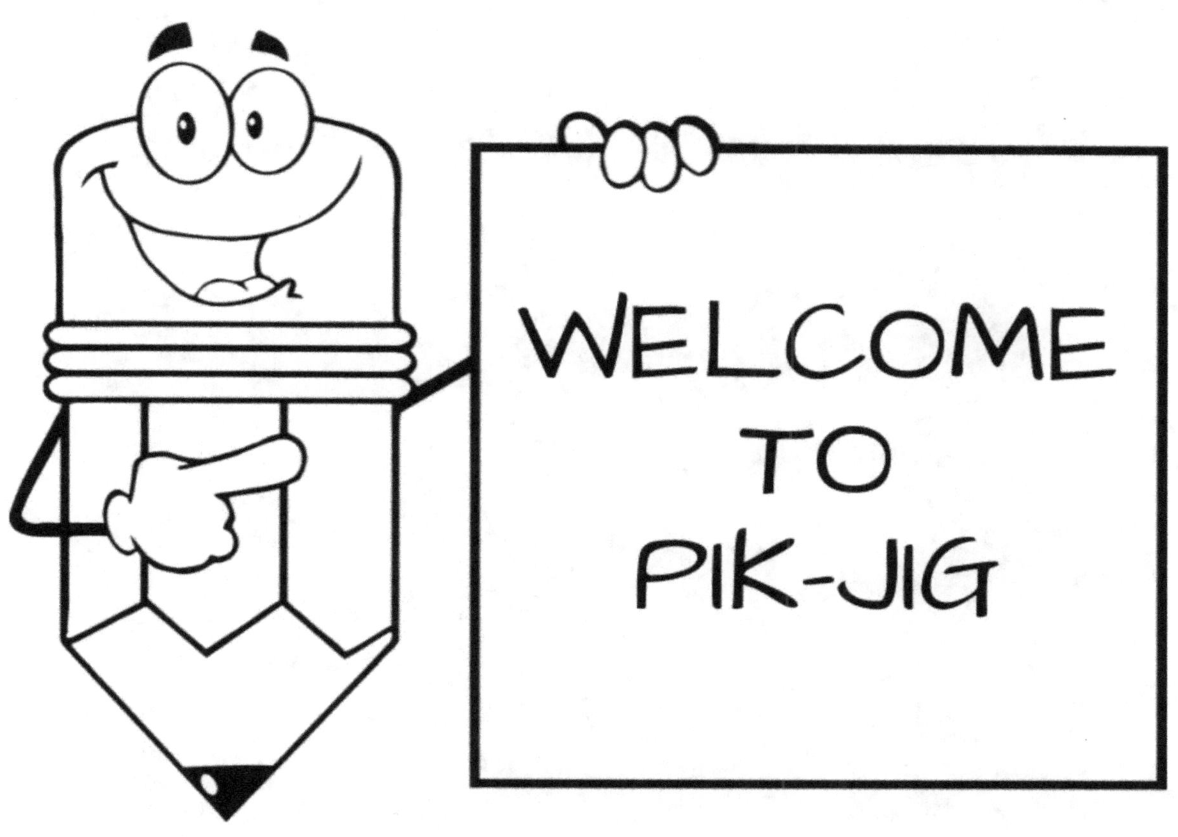
WELCOME
TO
PIK-JIG

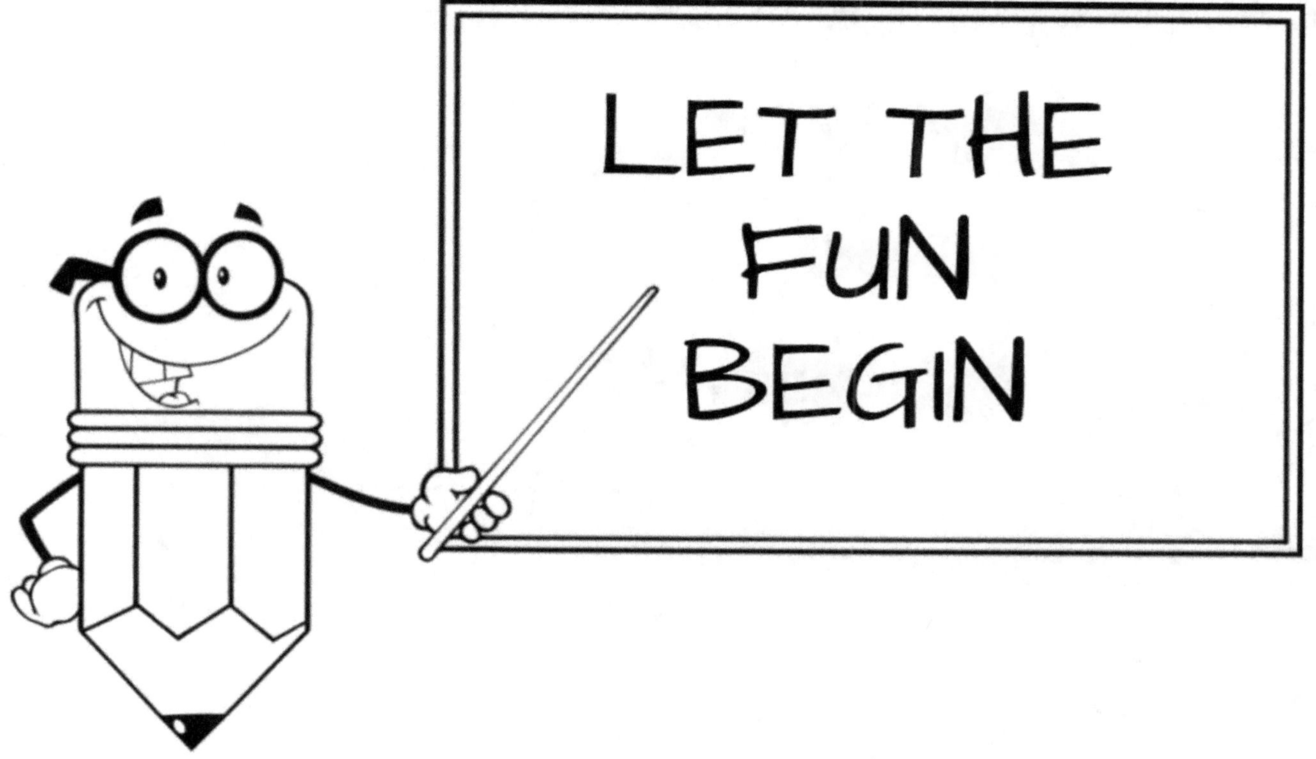
LET THE
FUN
BEGIN

INSTRUCTIONS

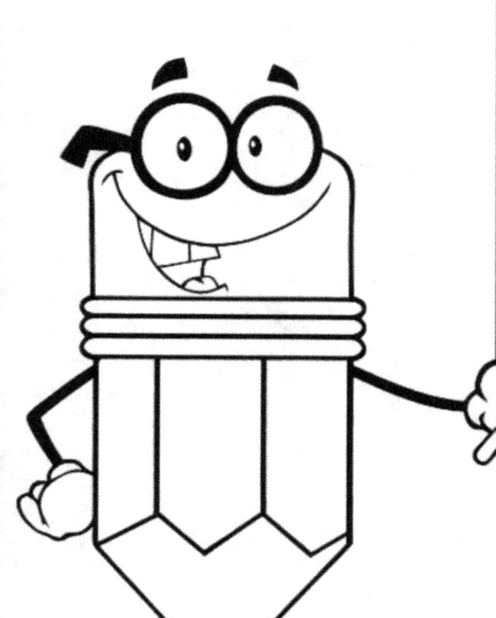

STEP ONE

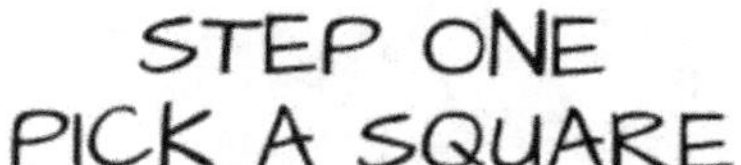

PICK A SQUARE

STEP TWO

FIND THE SQUARE ON THE GRID BY MATCHING THE COORDINATES

STEP THREE

DRAW WHAT YOU SEE AND WATCH THE MAGIC UNFOLD

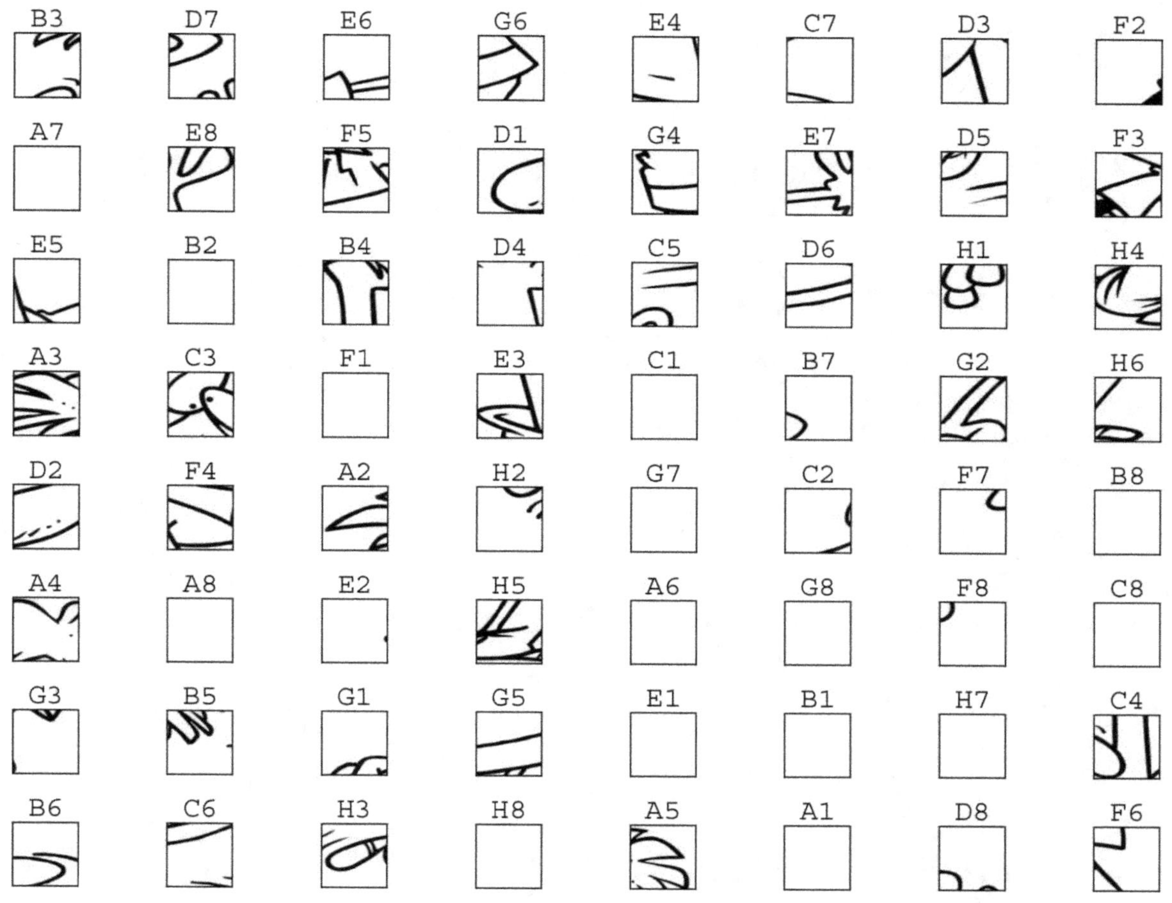

B3
D7
E6
G6
E4
C7
D3
F2
A7
E8
F5
D1
G4
E7
D5
F3
E5
B2
B4
D4
C5
D6
H1
H4
A3
C3
F1
E3
C1
B7
G2
H6
D2
F4
A2
H2
G7
C2
F7
B8
A4
A8
E2
H5
A6
G8
F8
C8
G3
B5
G1
G5
E1
B1
H7
C4
B6
C6
H3
H8
A5
A1
D8
F6

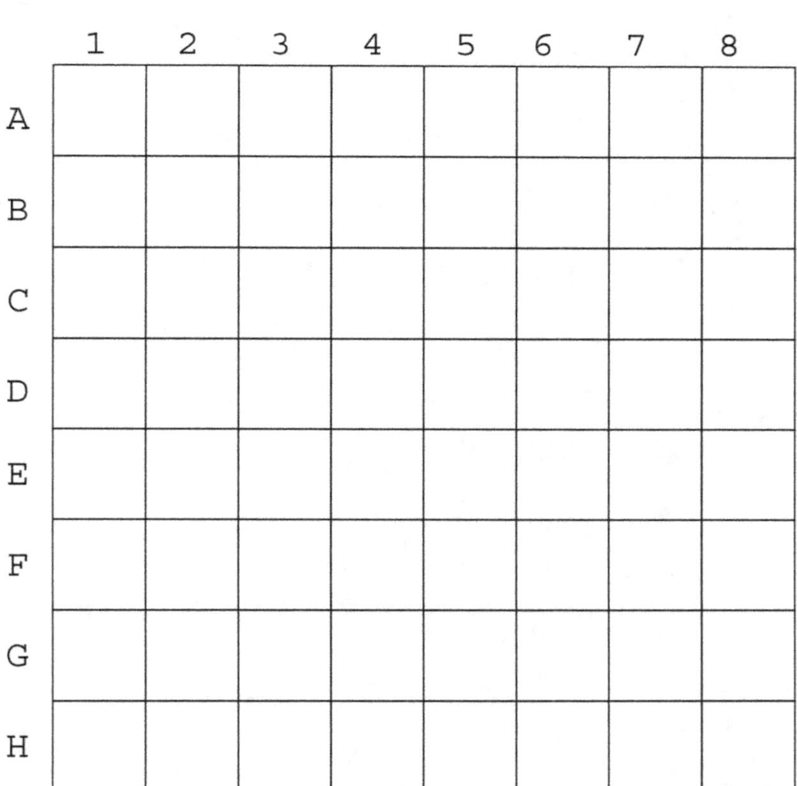

1
2
3
4
5
6
7
8
A
B
C
D
E
F
G
H

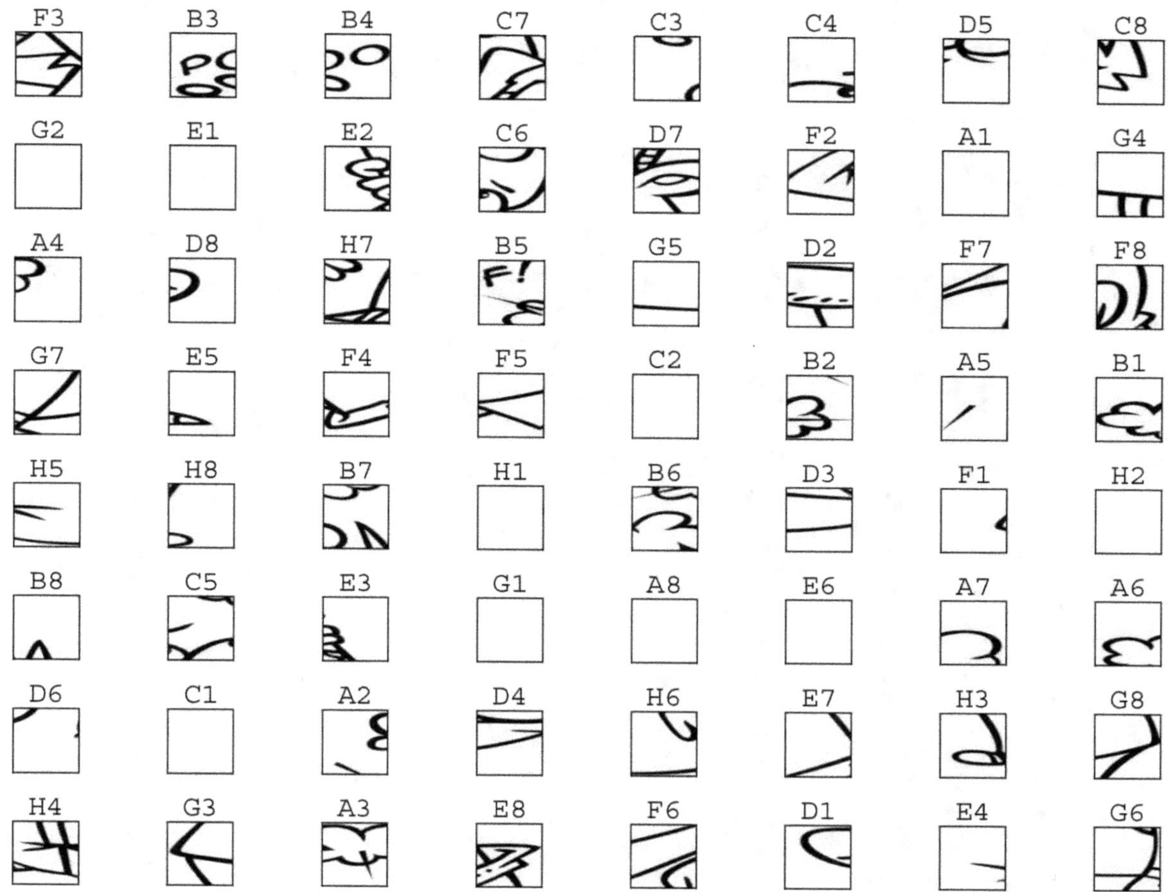
F3 B3 B4 C7 C3 C4 D5 C8
G2 E1 E2 C6 D7 F2 A1 G4
A4 D8 H7 B5 G5 D2 F7 F8
G7 E5 F4 F5 C2 B2 A5 B1
H5 H8 B7 H1 B6 D3 F1 H2
B8 C5 E3 G1 A8 E6 A7 A6
D6 C1 A2 D4 H6 E7 H3 G8
H4 G3 A3 E8 F6 D1 E4 G6

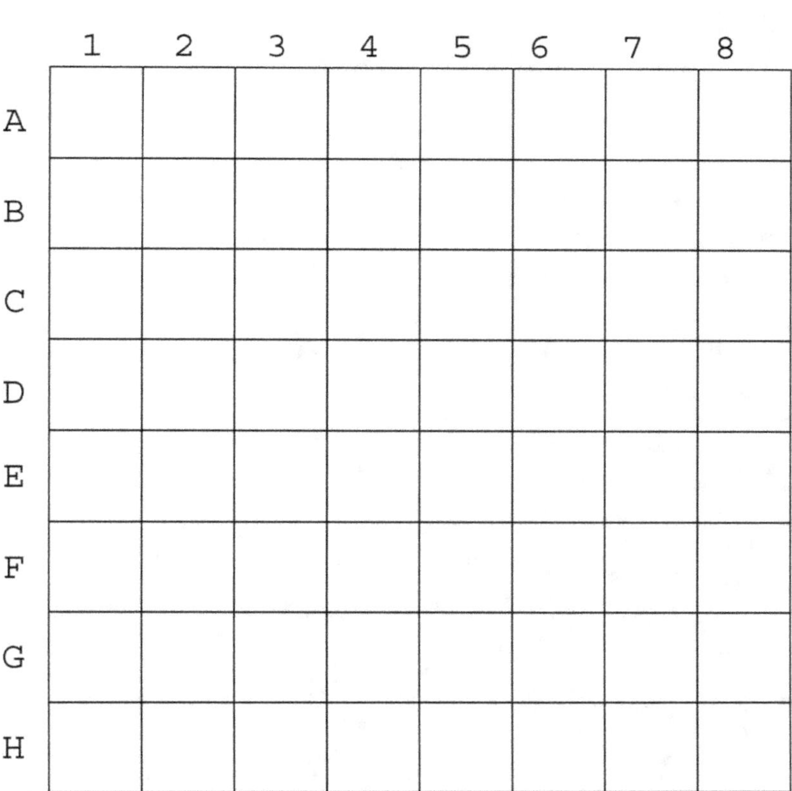
1 2 3 4 5 6 7 8
A
B
C
D
E
F
G
H

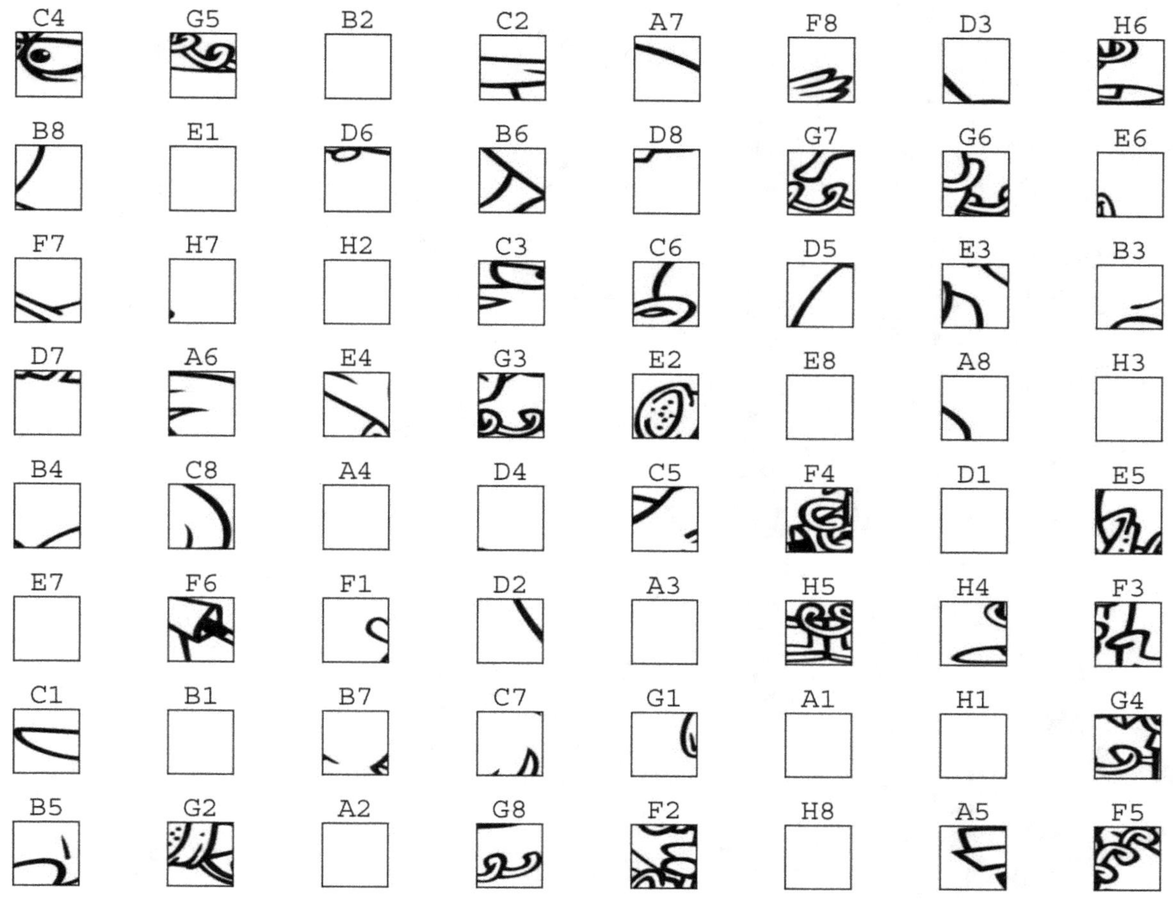
C4
G5
B2
C2
A7
F8
D3
H6
B8
E1
D6
B6
D8
G7
G6
E6
F7
H7
H2
C3
C6
D5
E3
B3
D7
A6
E4
G3
E2
E8
A8
H3
B4
C8
A4
D4
C5
F4
D1
E5
E7
F6
F1
D2
A3
H5
H4
F3
C1
B1
B7
C7
G1
A1
H1
G4
B5
G2
A2
G8
F2
H8
A5
F5

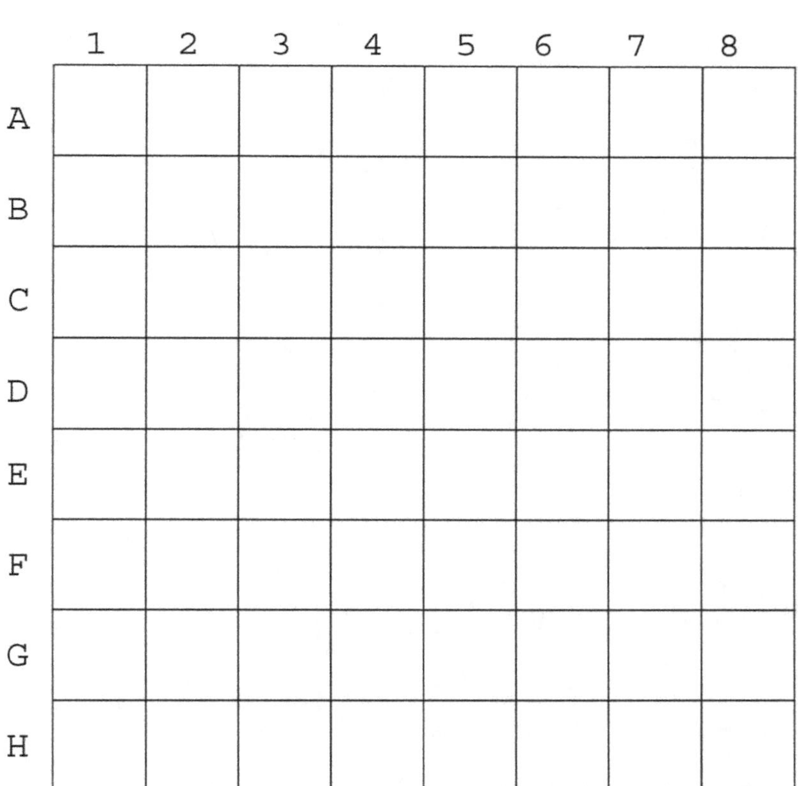
1
2
3
4
5
6
7
8
A
B
C
D
E
F
G
H

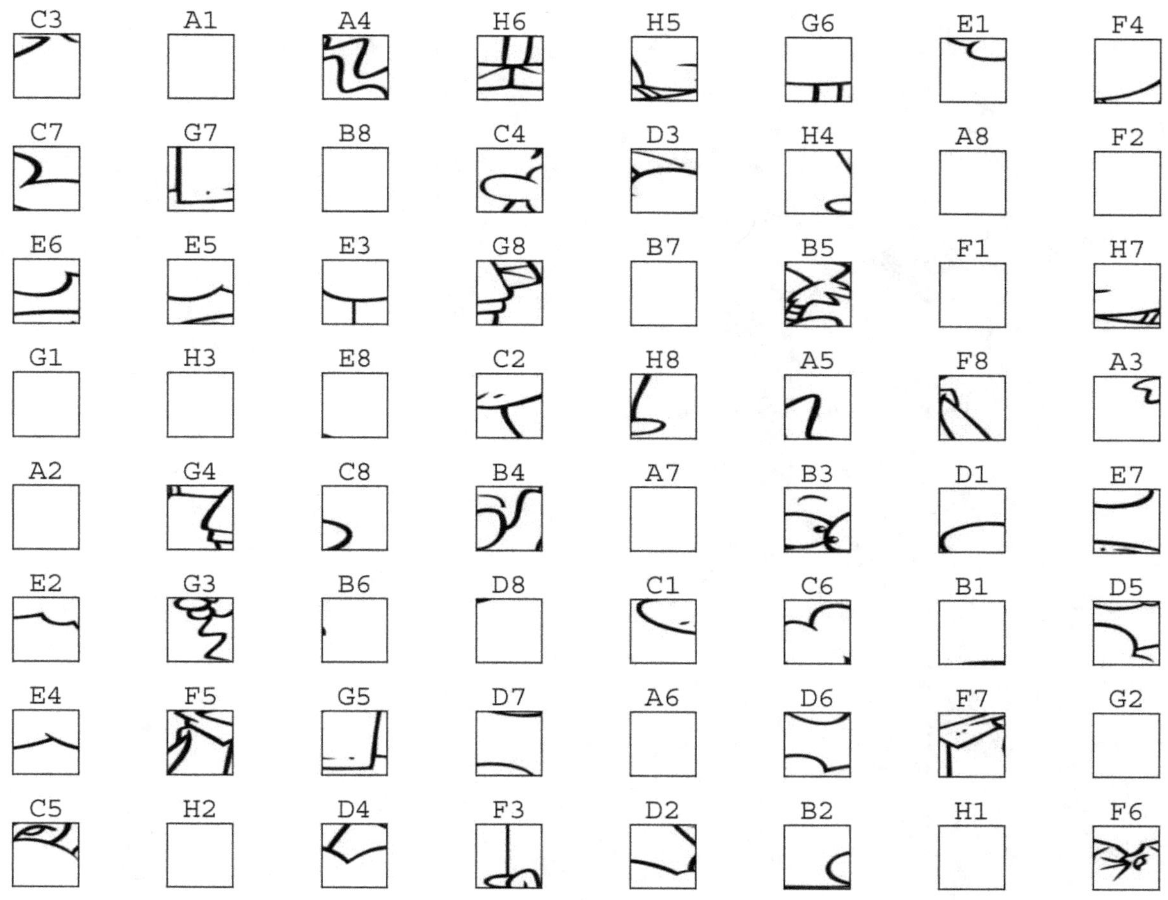
C3 A1 A4 H6 H5 G6 E1 F4
C7 G7 B8 C4 D3 H4 A8 F2
E6 E5 E3 G8 B7 B5 F1 H7
G1 H3 E8 C2 H8 A5 F8 A3
A2 G4 C8 B4 A7 B3 D1 E7
E2 G3 B6 D8 C1 C6 B1 D5
E4 F5 G5 D7 A6 D6 F7 G2
C5 H2 D4 F3 D2 B2 H1 F6

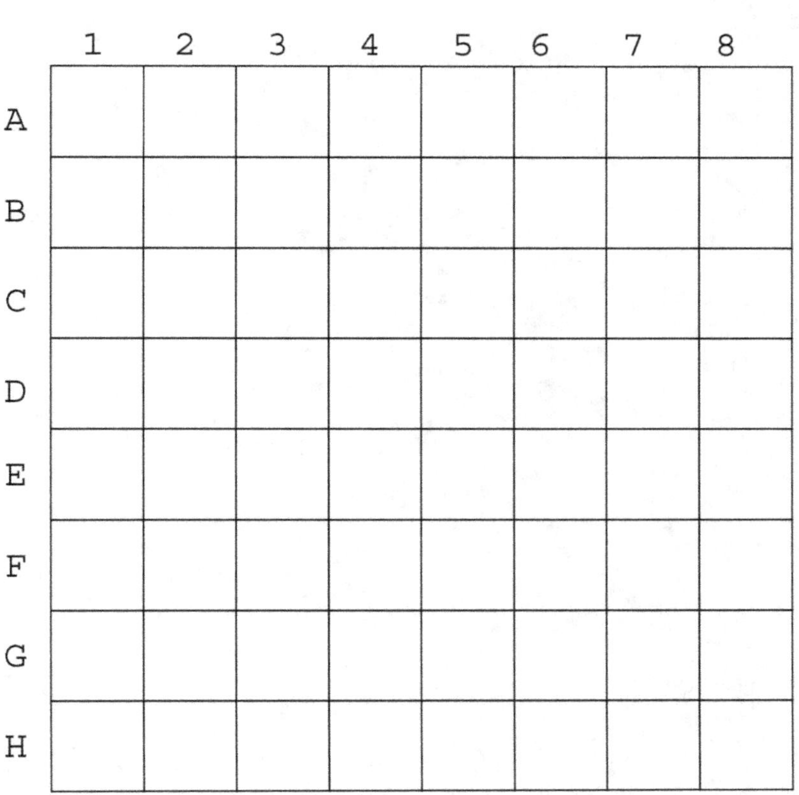
1 2 3 4 5 6 7 8
A
B
C
D
E
F
G
H

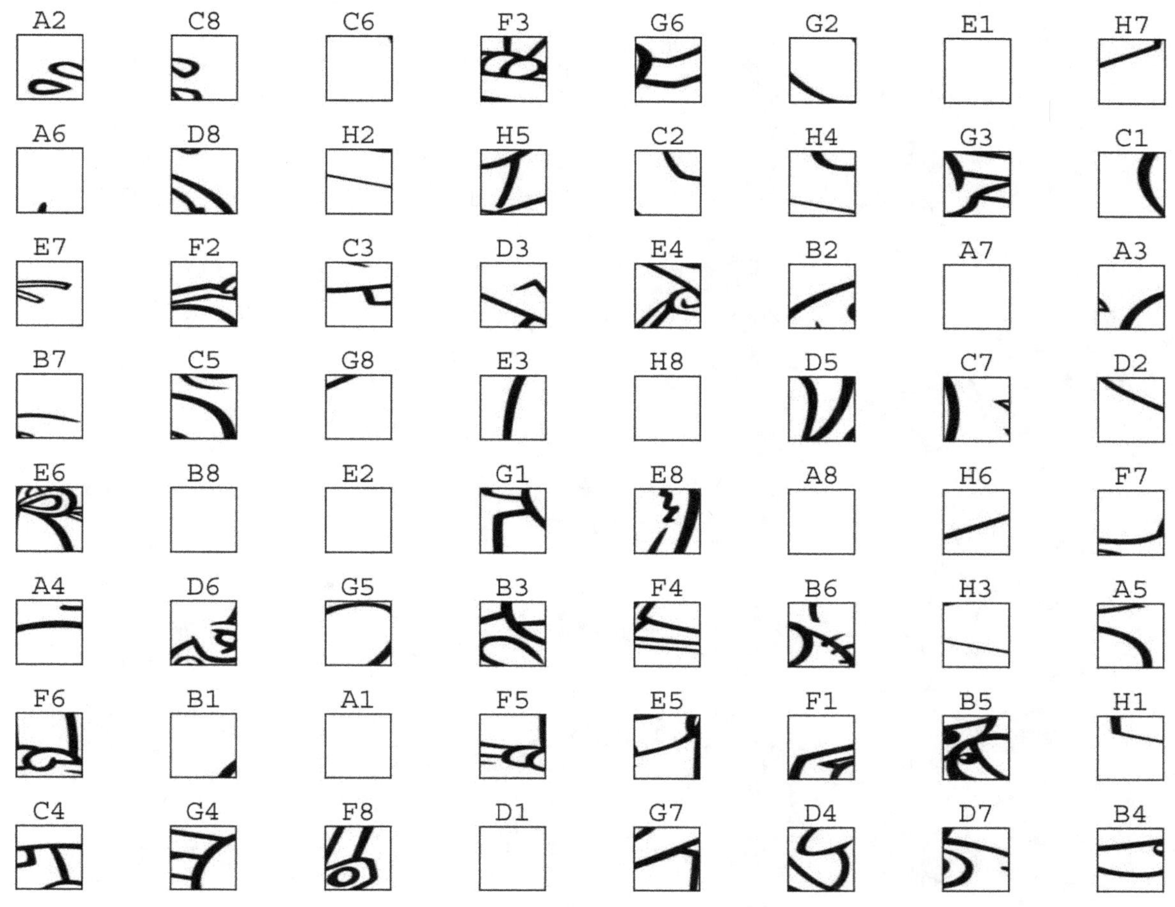
A2
C8
C6
F3
G6
G2
E1
H7
A6
D8
H2
H5
C2
H4
G3
C1
E7
F2
C3
D3
E4
B2
A7
A3
B7
C5
G8
E3
H8
D5
C7
D2
E6
B8
E2
G1
E8
A8
H6
F7
A4
D6
G5
B3
F4
B6
H3
A5
F6
B1
A1
F5
E5
F1
B5
H1
C4
G4
F8
D1
G7
D4
D7
B4

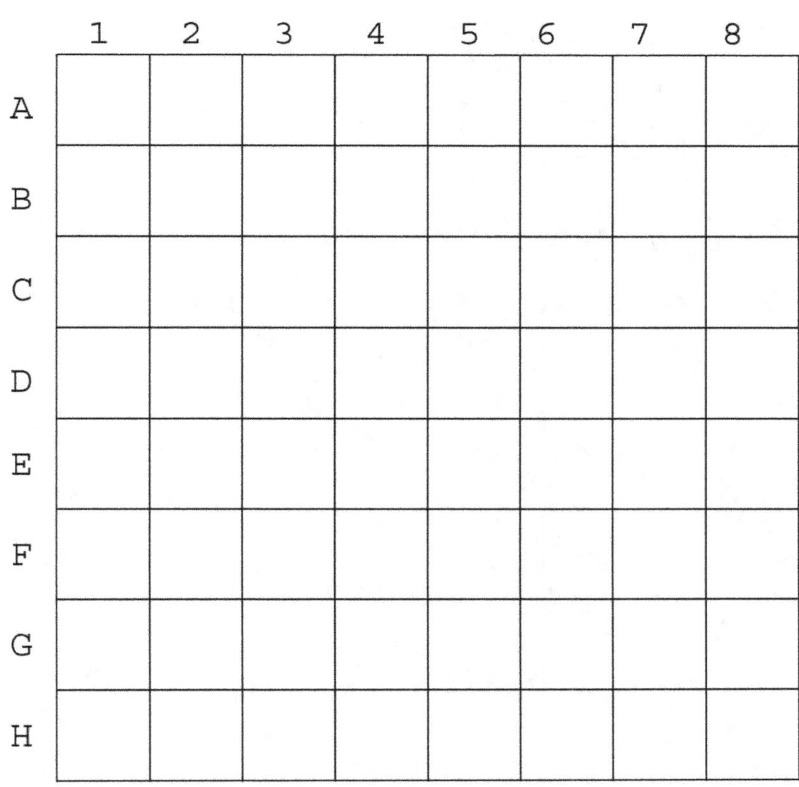
1
2
3
4
5
6
7
8
A
B
C
D
E
F
G
H

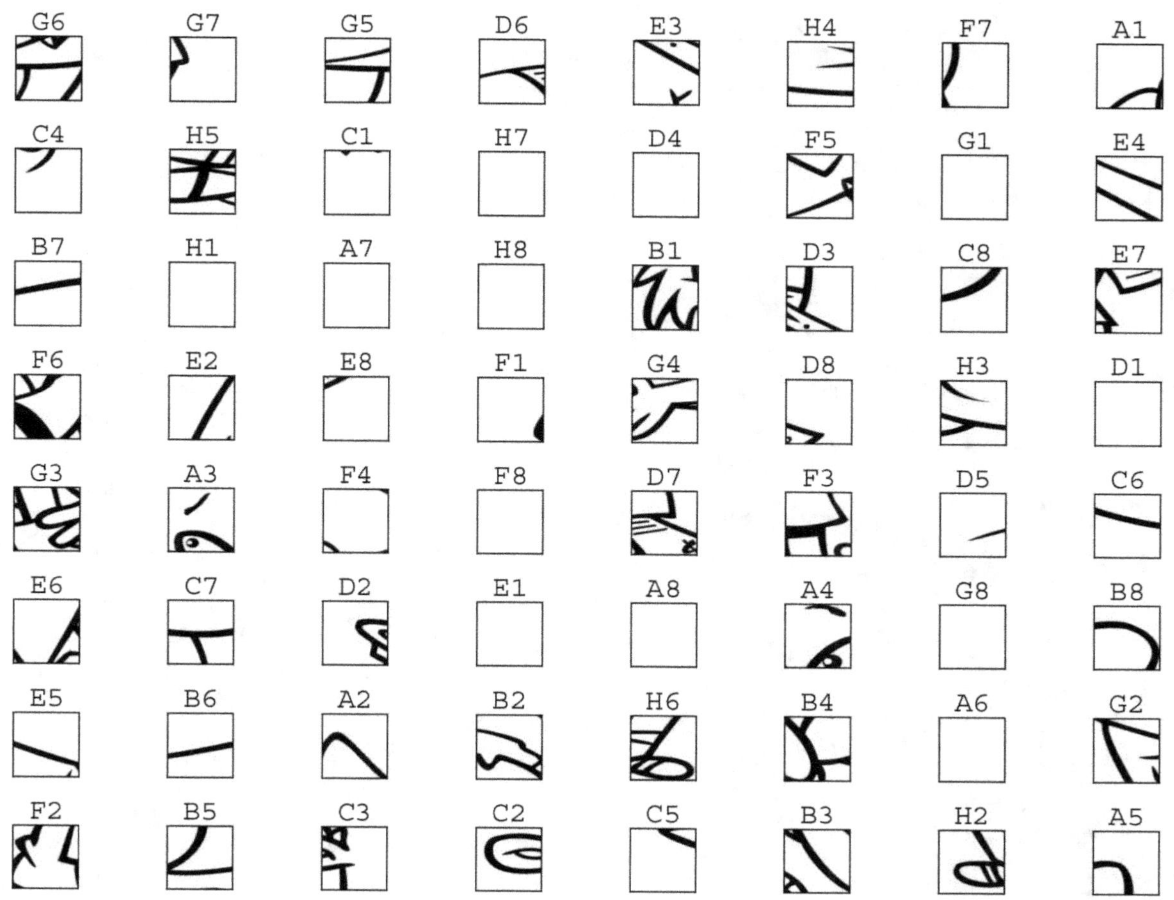
G6 G7 G5 D6 E3 H4 F7 A1
C4 H5 C1 H7 D4 F5 G1 E4
B7 H1 A7 H8 B1 D3 C8 E7
F6 E2 E8 F1 G4 D8 H3 D1
G3 A3 F4 F8 D7 F3 D5 C6
E6 C7 D2 E1 A8 A4 G8 B8
E5 B6 A2 B2 H6 B4 A6 G2
F2 B5 C3 C2 C5 B3 H2 A5

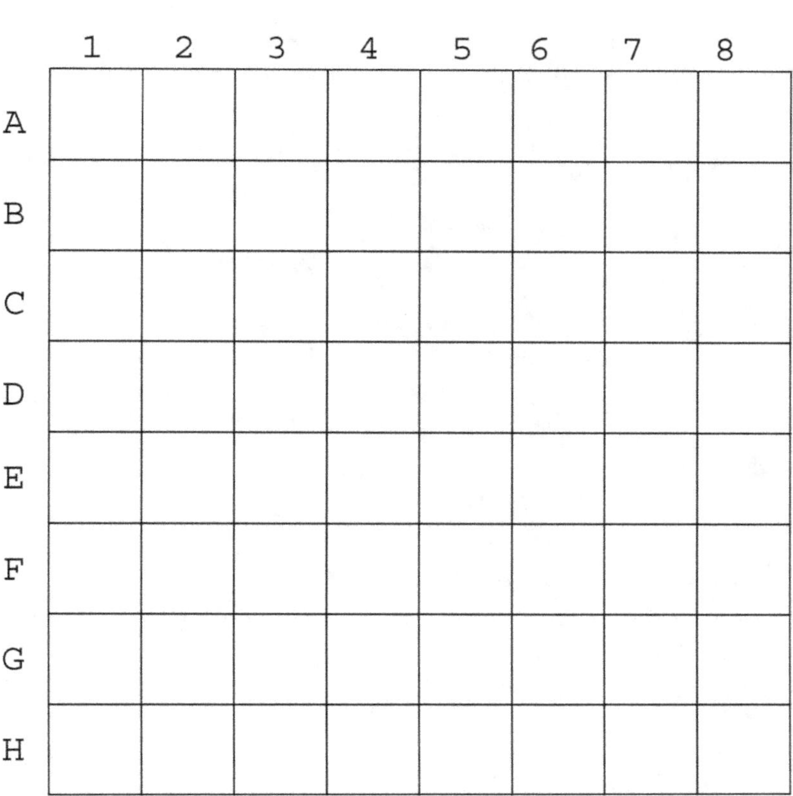
1 2 3 4 5 6 7 8
A
B
C
D
E
F
G
H

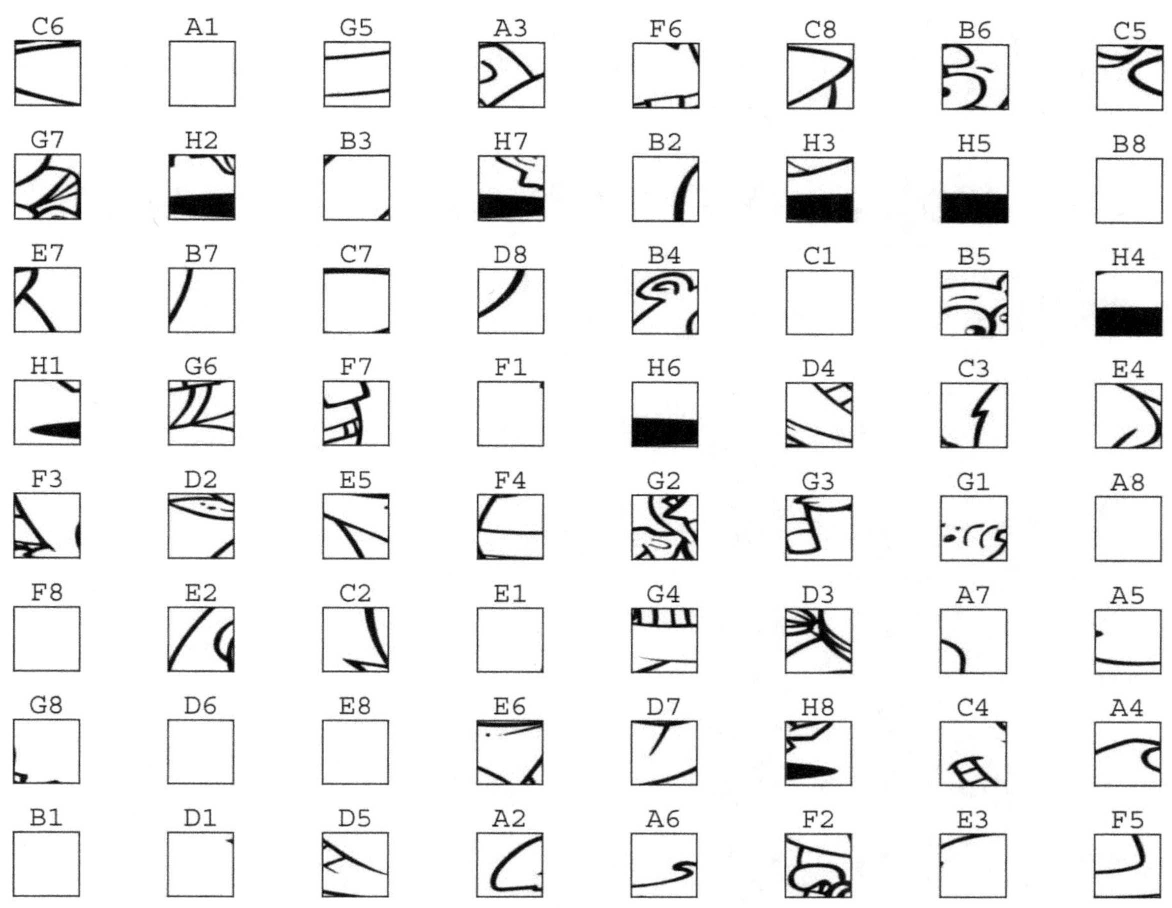
C6 A1 G5 A3 F6 C8 B6 C5
G7 H2 B3 H7 B2 H3 H5 B8
E7 B7 C7 D8 B4 C1 B5 H4
H1 G6 F7 F1 H6 D4 C3 E4
F3 D2 E5 F4 G2 G3 G1 A8
F8 E2 C2 E1 G4 D3 A7 A5
G8 D6 E8 E6 D7 H8 C4 A4
B1 D1 D5 A2 A6 F2 E3 F5

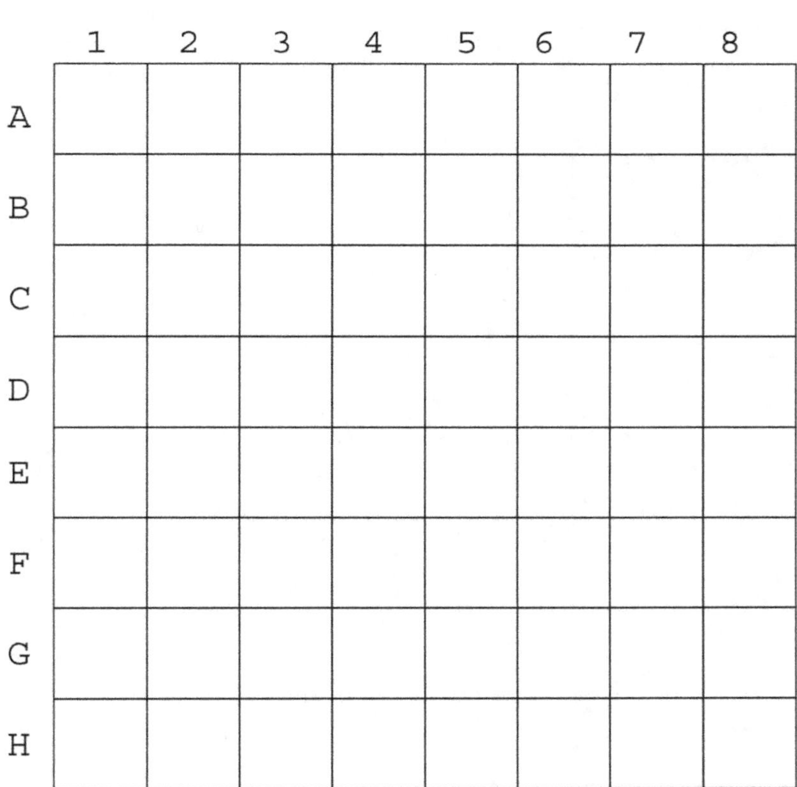
1 2 3 4 5 6 7 8
A
B
C
D
E
F
G
H

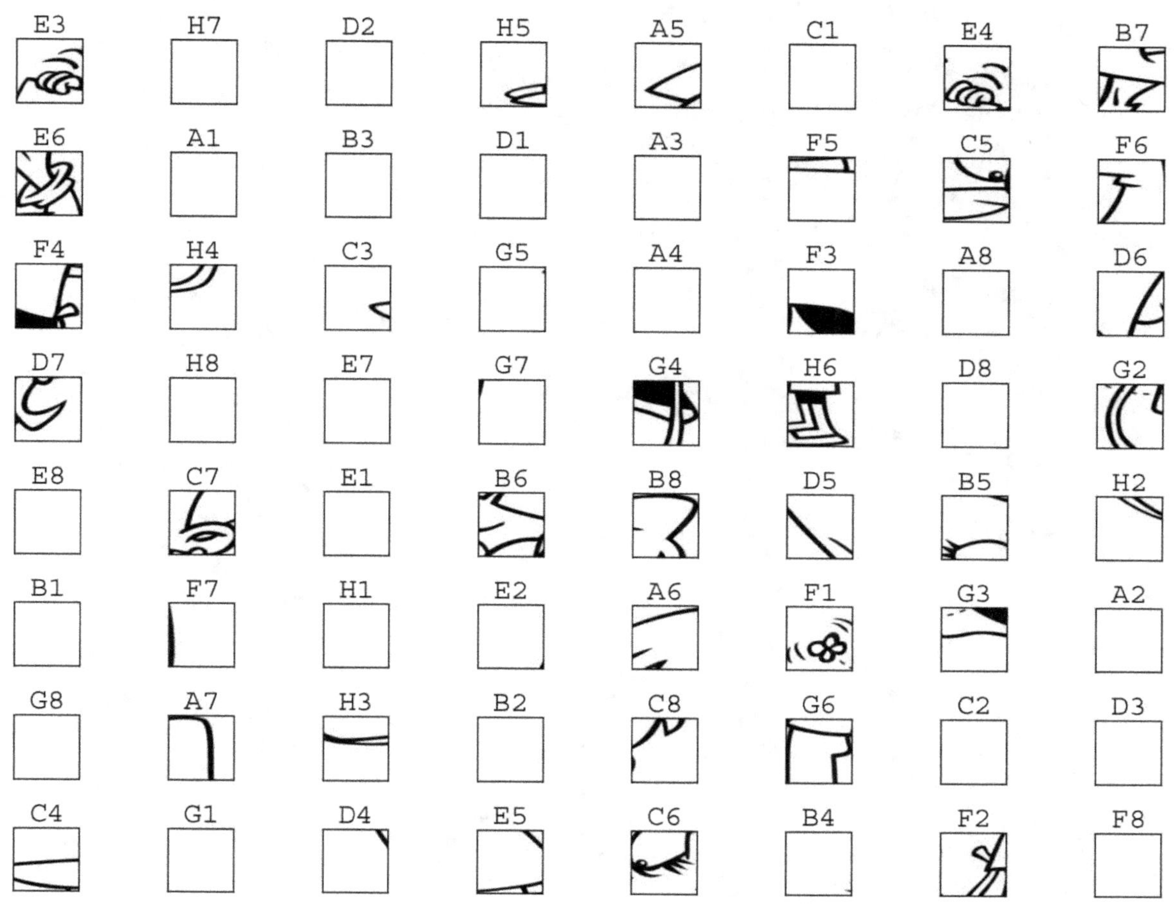
E3
H7
D2
H5
A5
C1
E4
B7
E6
A1
B3
D1
A3
F5
C5
F6
F4
H4
C3
G5
A4
F3
A8
D6
D7
H8
E7
G7
G4
H6
D8
G2
E8
C7
E1
B6
B8
D5
B5
H2
B1
F7
H1
E2
A6
F1
G3
A2
G8
A7
H3
B2
C8
G6
C2
D3
C4
G1
D4
E5
C6
B4
F2
F8

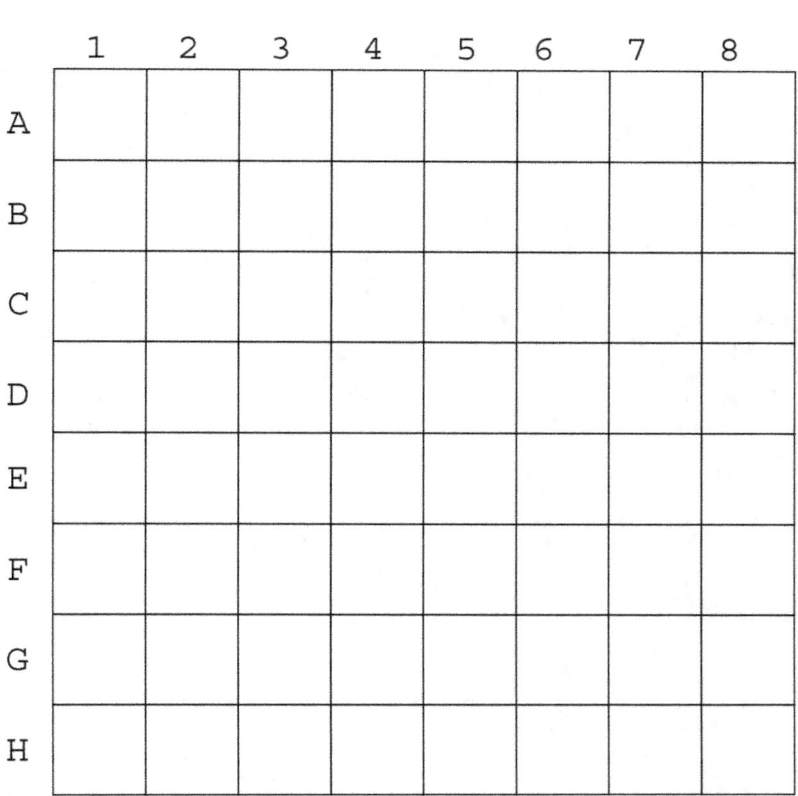
1
2
3
4
5
6
7
8
A
B
C
D
E
F
G
H

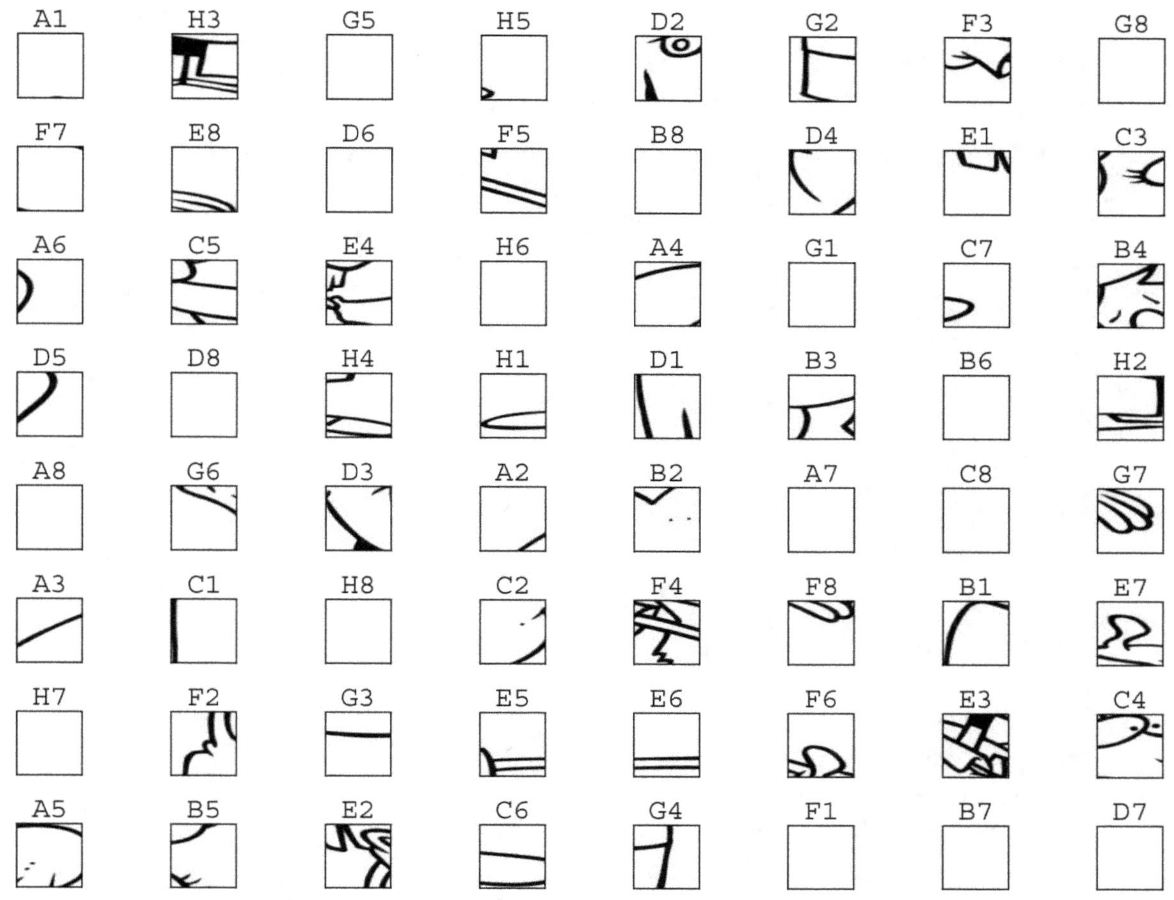
A1
H3
G5
H5
D2
G2
F3
G8
F7
E8
D6
F5
B8
D4
E1
C3
A6
C5
E4
H6
A4
G1
C7
B4
D5
D8
H4
H1
D1
B3
B6
H2
A8
G6
D3
A2
B2
A7
C8
G7
A3
C1
H8
C2
F4
F8
B1
E7
H7
F2
G3
E5
E6
F6
E3
C4
A5
B5
E2
C6
G4
F1
B7
D7

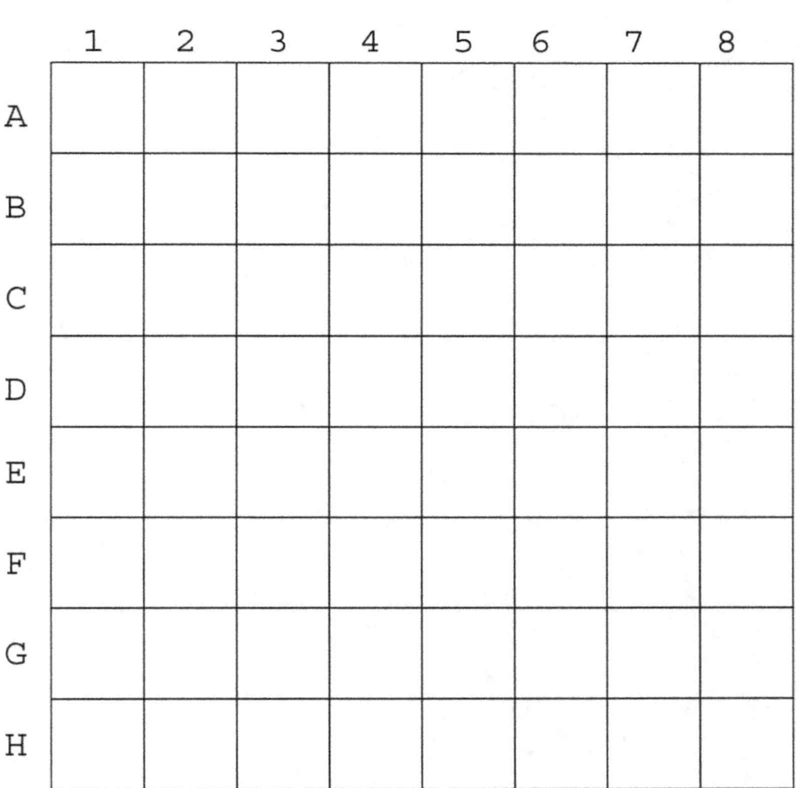
1 2 3 4 5 6 7 8
A
B
C
D
E
F
G
H

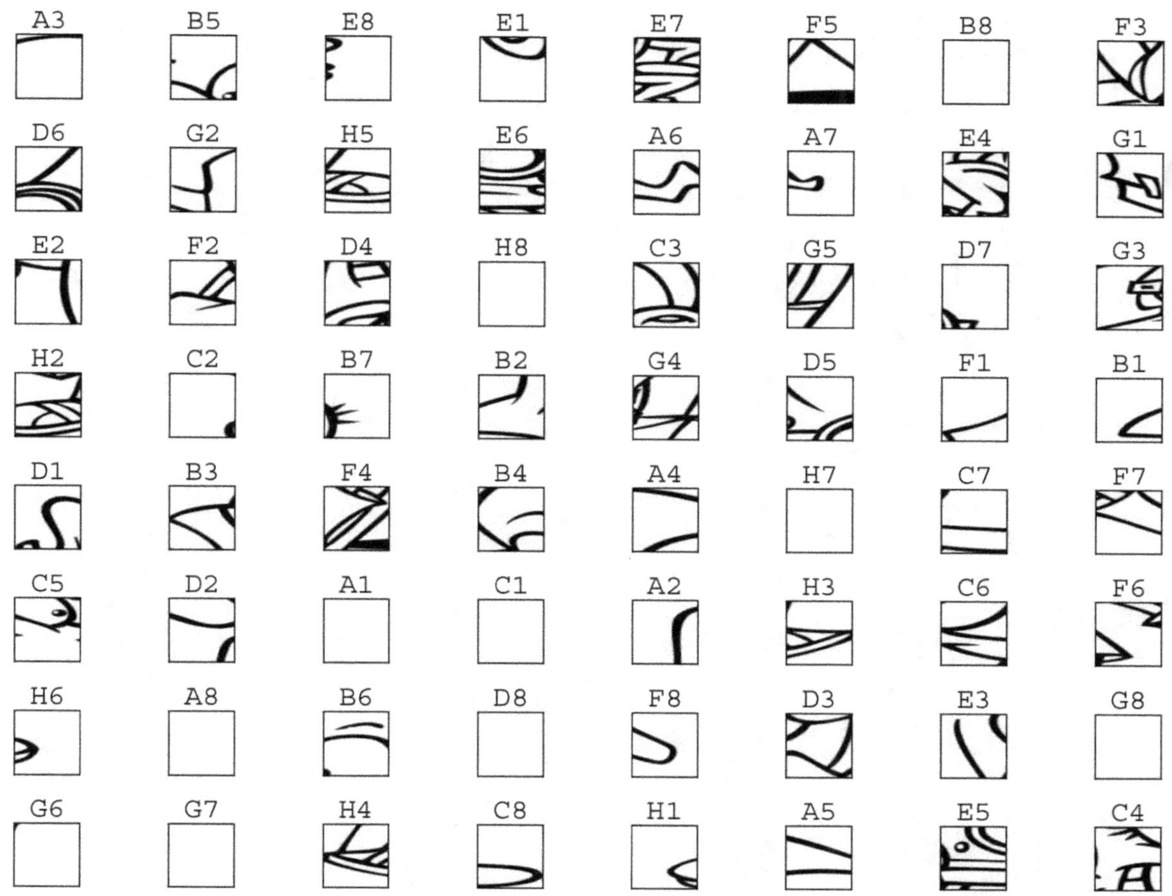
A3 B5 E8 E1 E7 F5 B8 F3
D6 G2 H5 E6 A6 A7 E4 G1
E2 F2 D4 H8 C3 G5 D7 G3
H2 C2 B7 B2 G4 D5 F1 B1
D1 B3 F4 B4 A4 H7 C7 F7
C5 D2 A1 C1 A2 H3 C6 F6
H6 A8 B6 D8 F8 D3 E3 G8
G6 G7 H4 C8 H1 A5 E5 C4

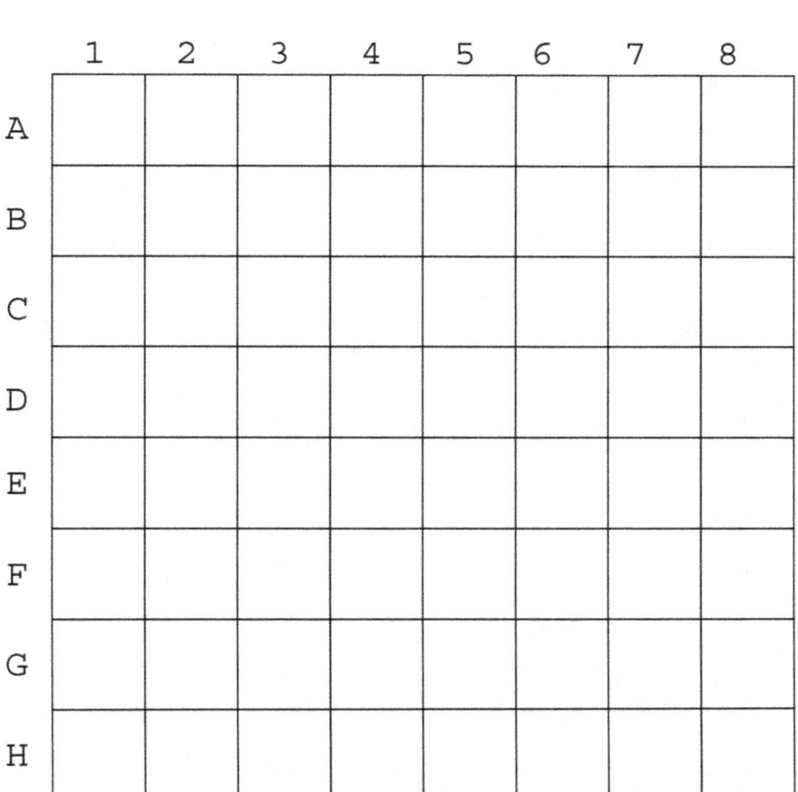
1 2 3 4 5 6 7 8
A
B
C
D
E
F
G
H

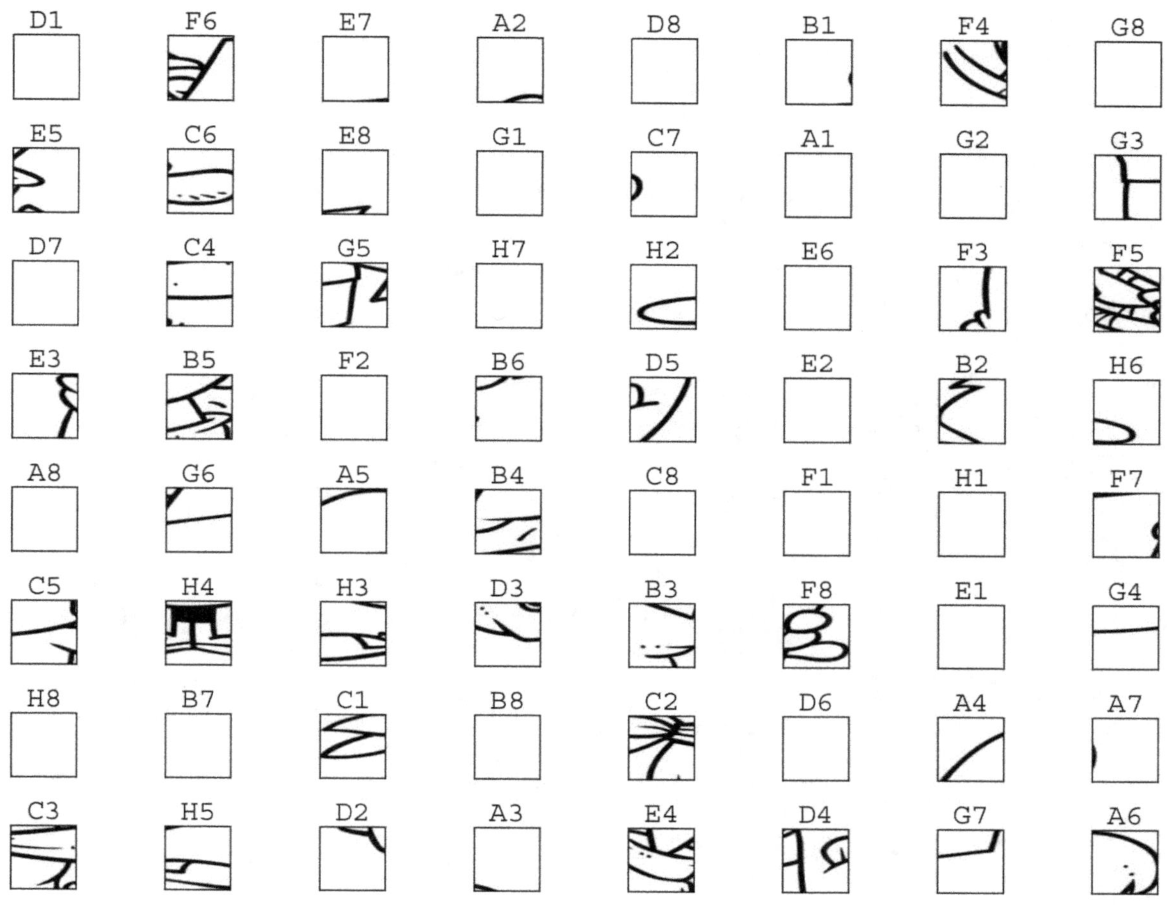
D1 F6 E7 A2 D8 B1 F4 G8
E5 C6 E8 G1 C7 A1 G2 G3
D7 C4 G5 H7 H2 E6 F3 F5
E3 B5 F2 B6 D5 E2 B2 H6
A8 G6 A5 B4 C8 F1 H1 F7
C5 H4 H3 D3 B3 F8 E1 G4
H8 B7 C1 B8 C2 D6 A4 A7
C3 H5 D2 A3 E4 D4 G7 A6

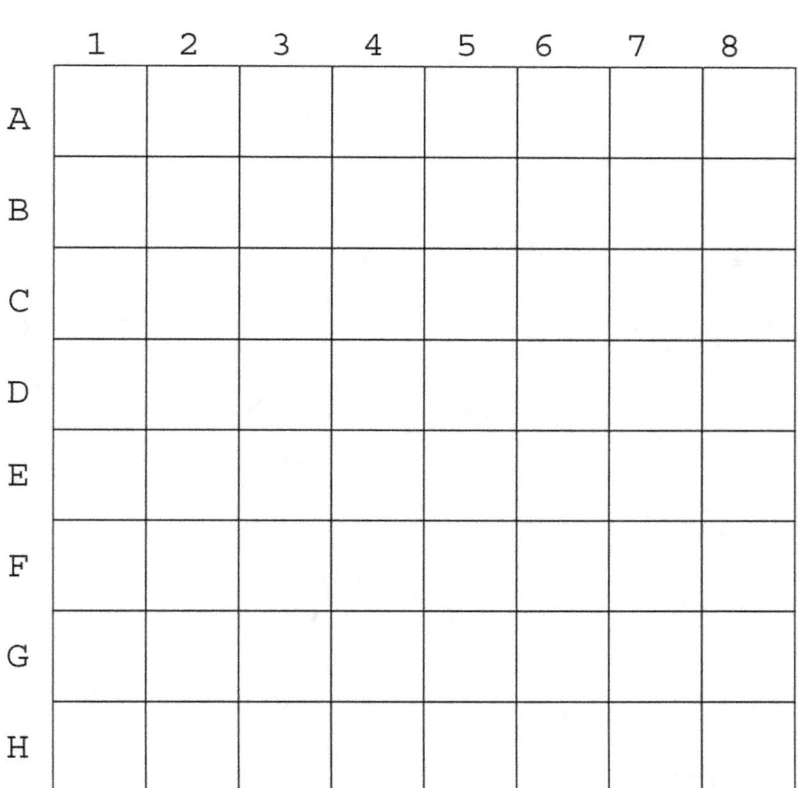
1 2 3 4 5 6 7 8
A
B
C
D
E
F
G
H

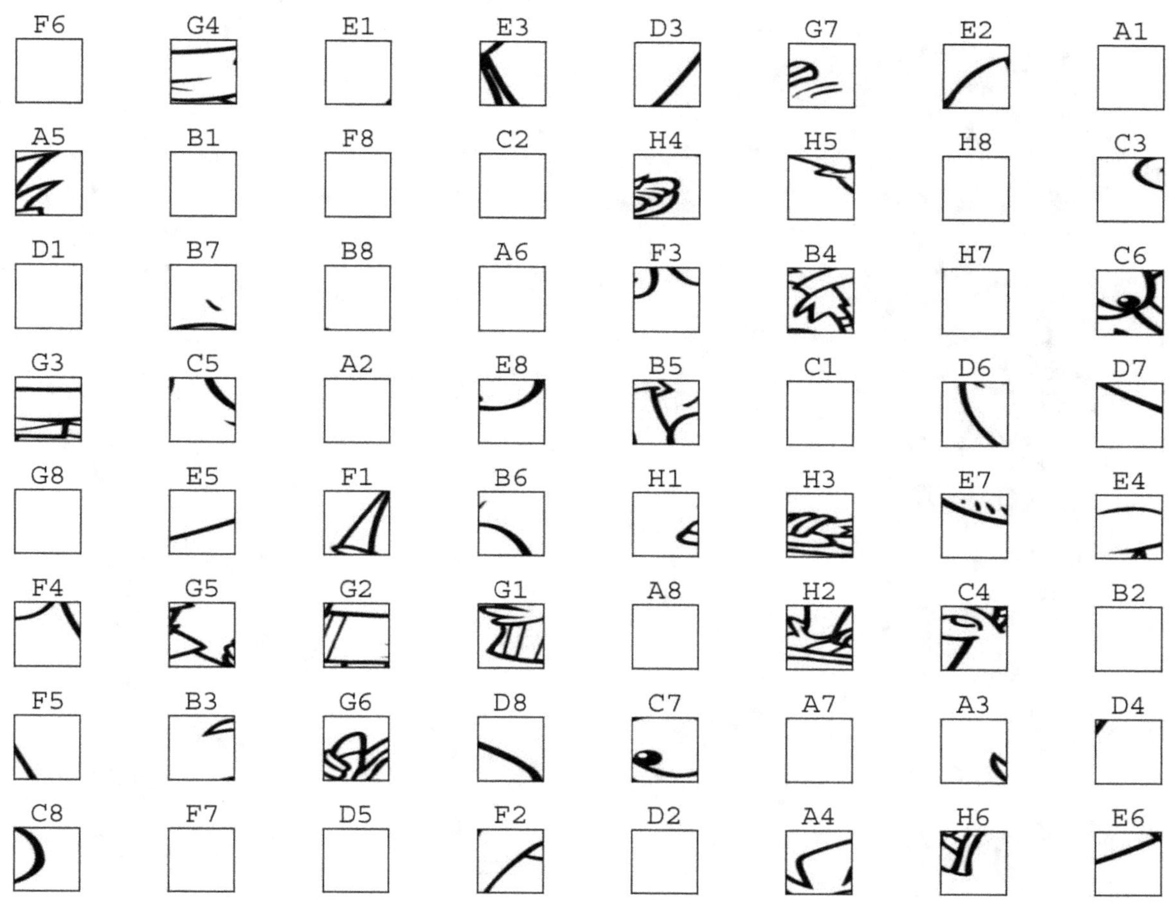
F6 G4 E1 E3 D3 G7 E2 A1
A5 B1 F8 C2 H4 H5 H8 C3
D1 B7 B8 A6 F3 B4 H7 C6
G3 C5 A2 E8 B5 C1 D6 D7
G8 E5 F1 B6 H1 H3 E7 E4
F4 G5 G2 G1 A8 H2 C4 B2
F5 B3 G6 D8 C7 A7 A3 D4
C8 F7 D5 F2 D2 A4 H6 E6

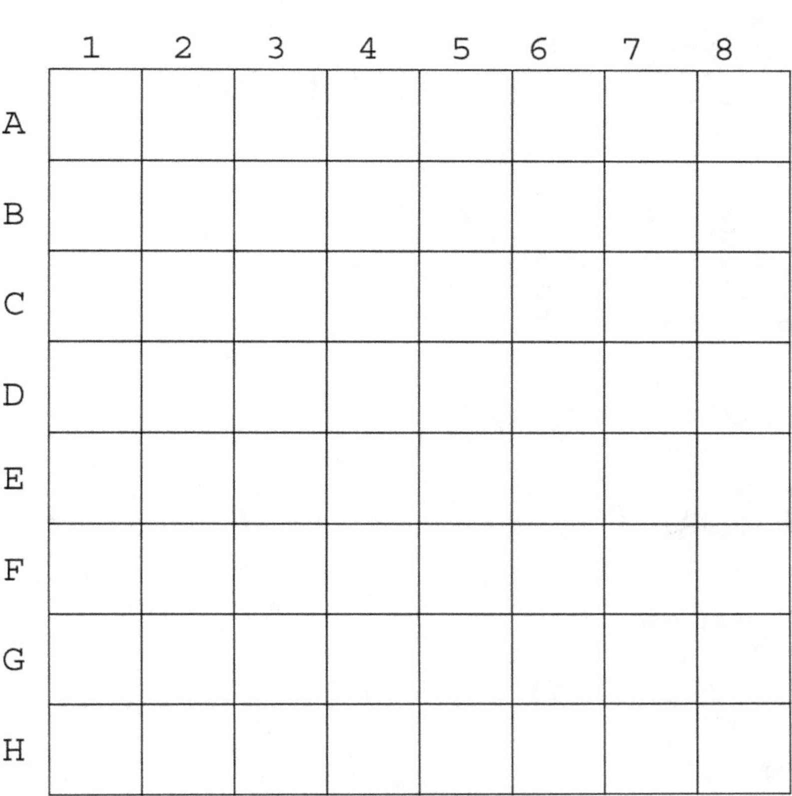
1 2 3 4 5 6 7 8
A
B
C
D
E
F
G
H

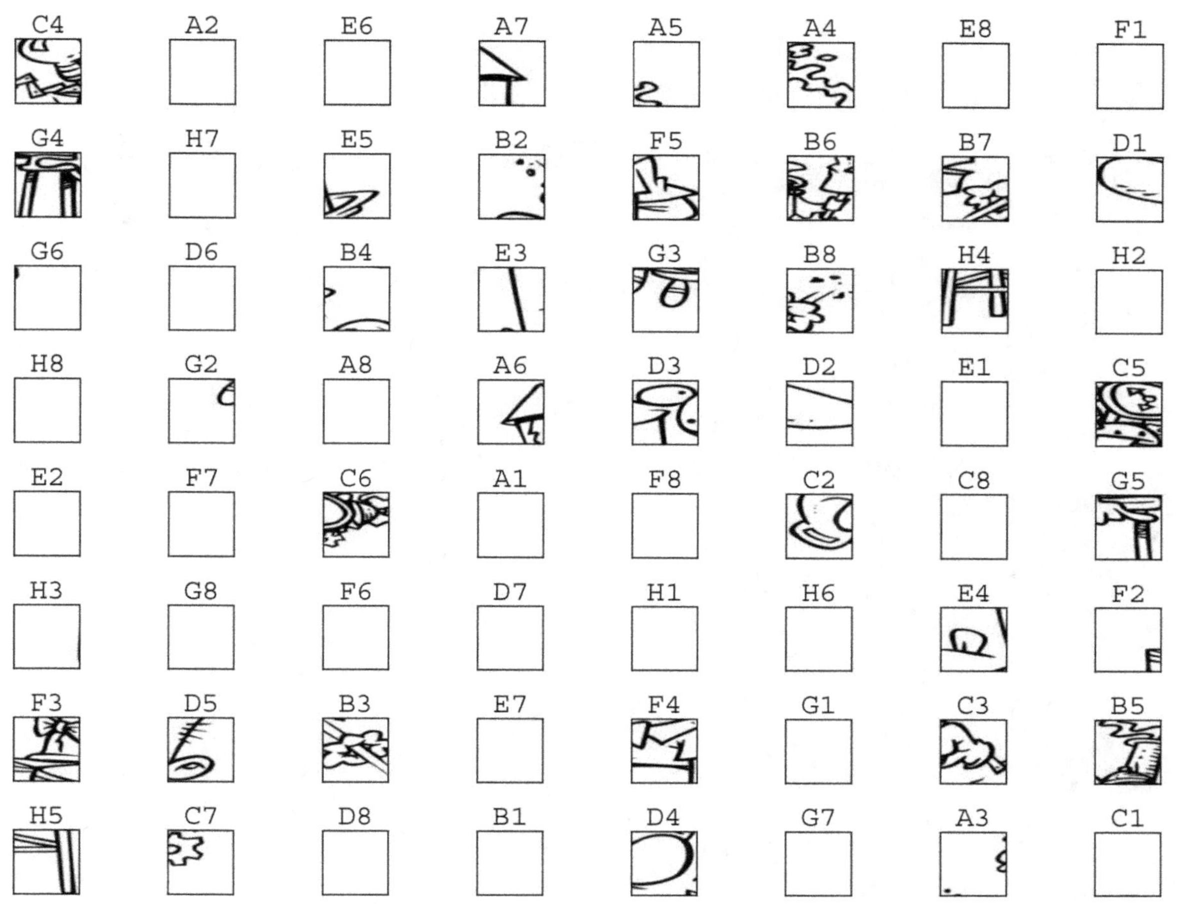
C4 A2 E6 A7 A5 A4 E8 F1
G4 H7 E5 B2 F5 B6 B7 D1
G6 D6 B4 E3 G3 B8 H4 H2
H8 G2 A8 A6 D3 D2 E1 C5
E2 F7 C6 A1 F8 C2 C8 G5
H3 G8 F6 D7 H1 H6 E4 F2
F3 D5 B3 E7 F4 G1 C3 B5
H5 C7 D8 B1 D4 G7 A3 C1

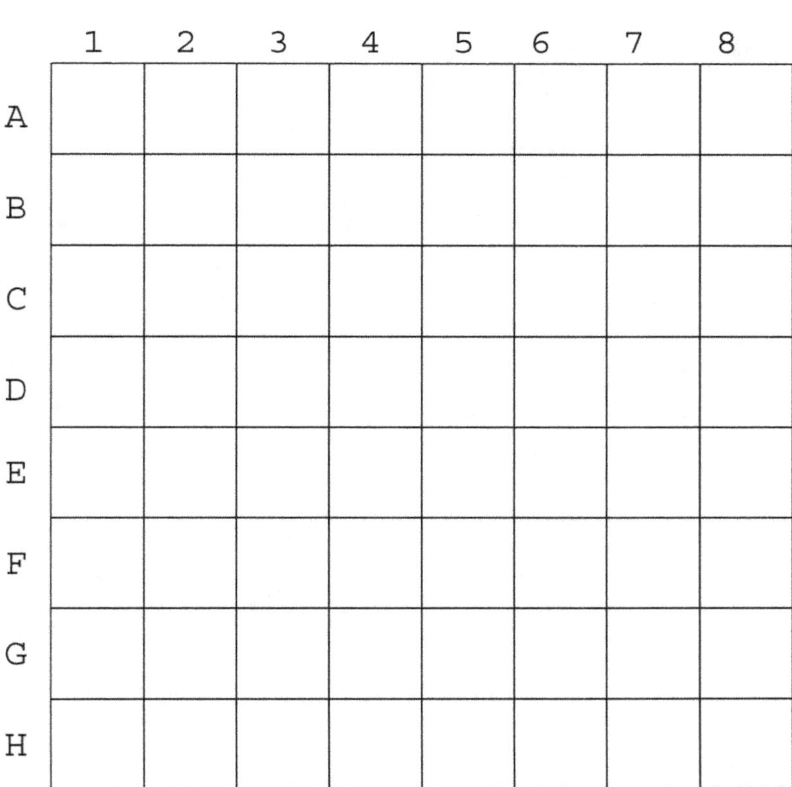
1 2 3 4 5 6 7 8
A
B
C
D
E
F
G
H

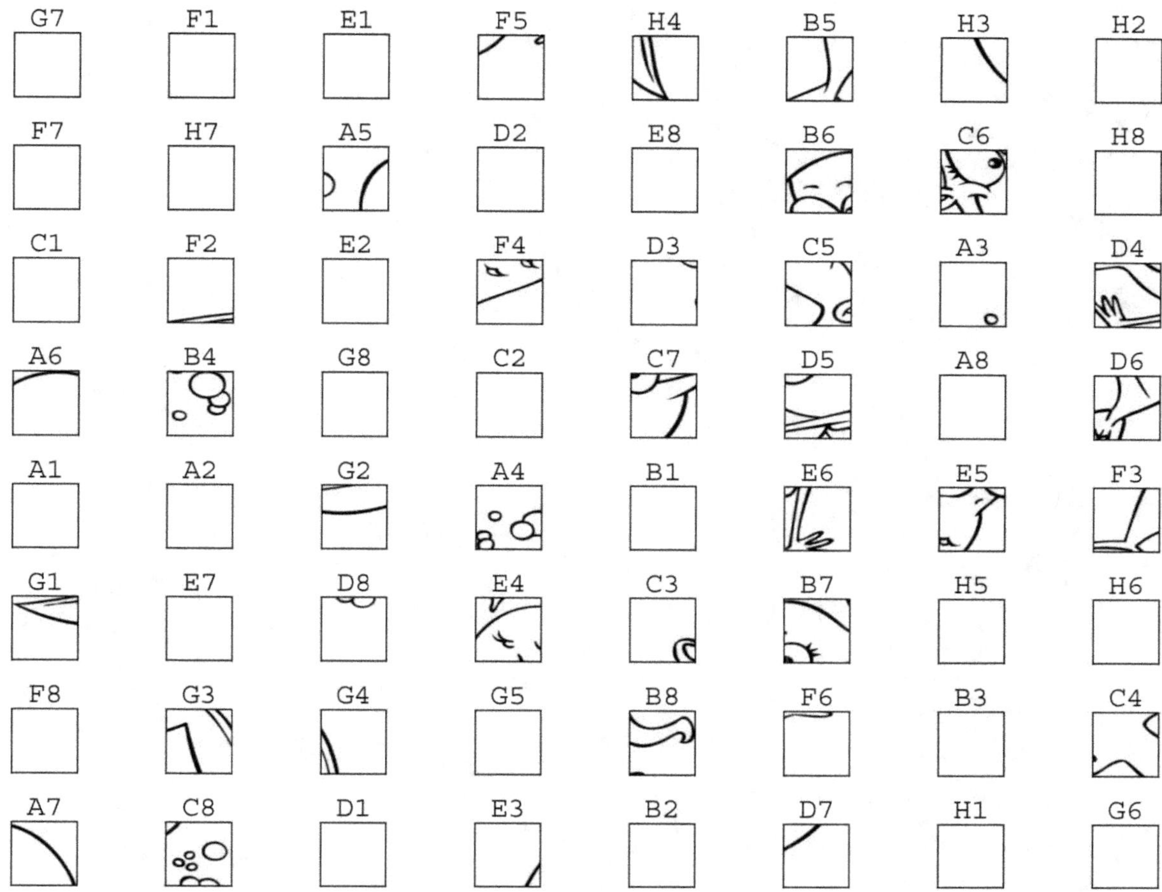

G7
F1
E1
F5
H4
B5
H3
H2
F7
H7
A5
D2
E8
B6
C6
H8
C1
F2
E2
F4
D3
C5
A3
D4
A6
B4
G8
C2
C7
D5
A8
D6
A1
A2
G2
A4
B1
E6
E5
F3
G1
E7
D8
E4
C3
B7
H5
H6
F8
G3
G4
G5
B8
F6
B3
C4
A7
C8
D1
E3
B2
D7
H1
G6

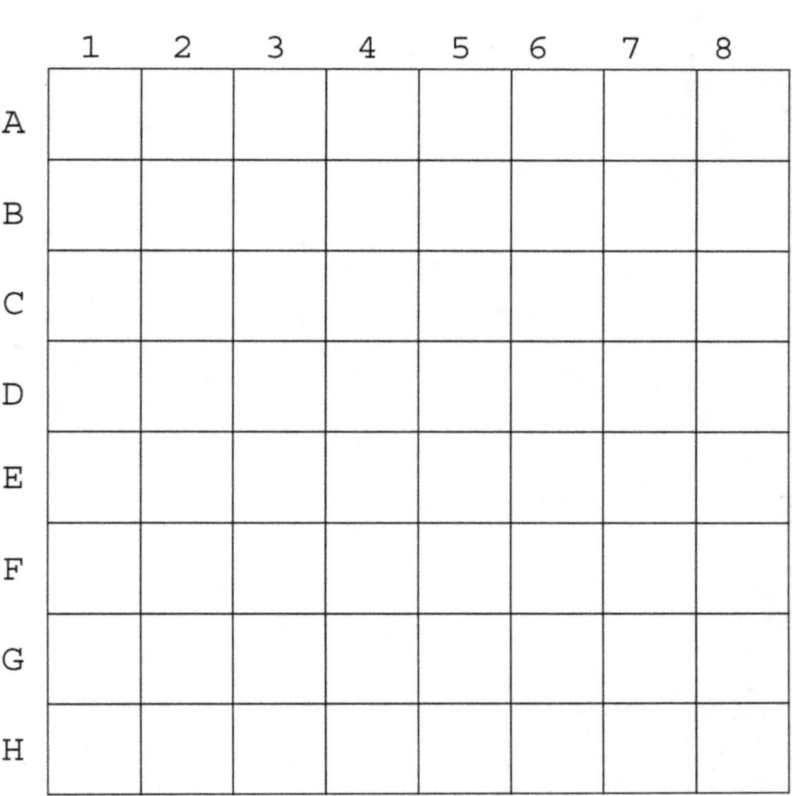

1
2
3
4
5
6
7
8
A
B
C
D
E
F
G
H

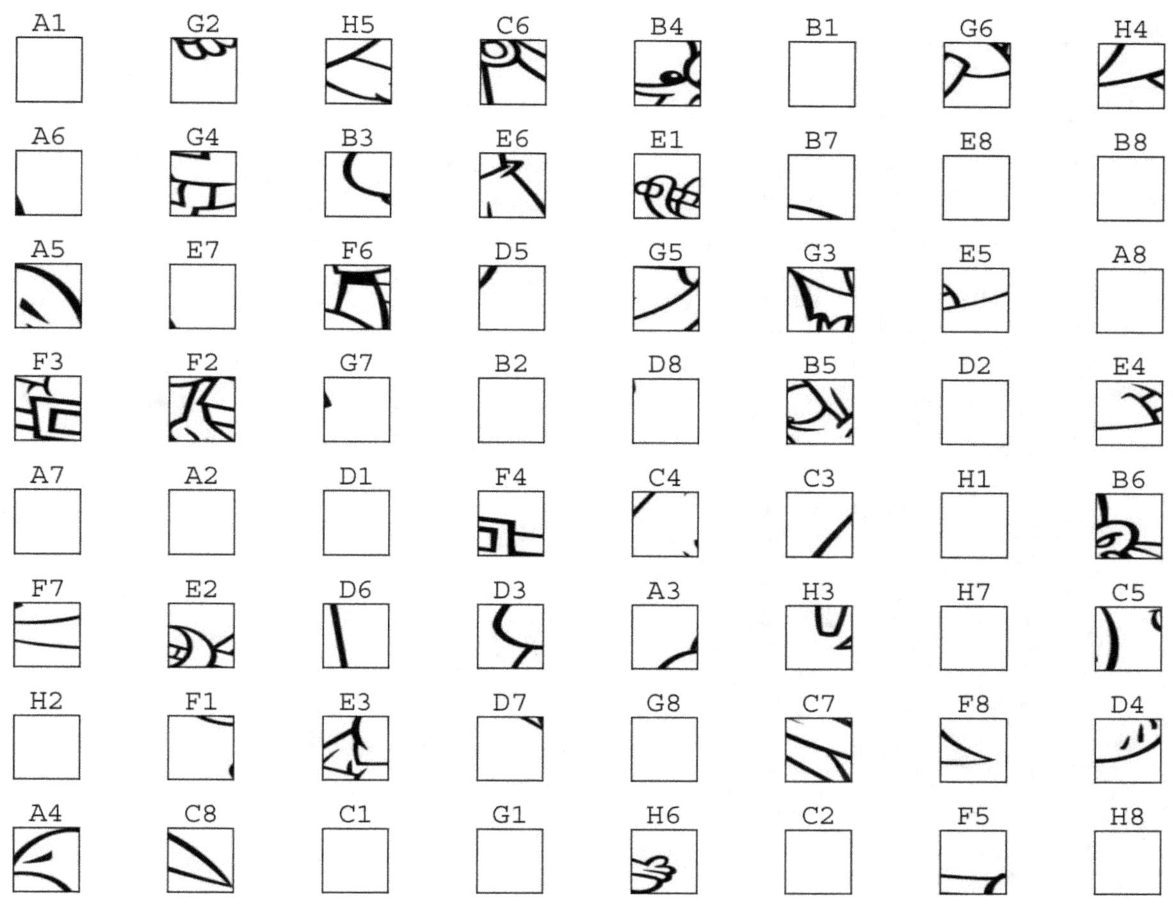
A1 G2 H5 C6 B4 B1 G6 H4
A6 G4 B3 E6 E1 B7 E8 B8
A5 E7 F6 D5 G5 G3 E5 A8
F3 F2 G7 B2 D8 B5 D2 E4
A7 A2 D1 F4 C4 C3 H1 B6
F7 E2 D6 D3 A3 H3 H7 C5
H2 F1 E3 D7 G8 C7 F8 D4
A4 C8 C1 G1 H6 C2 F5 H8

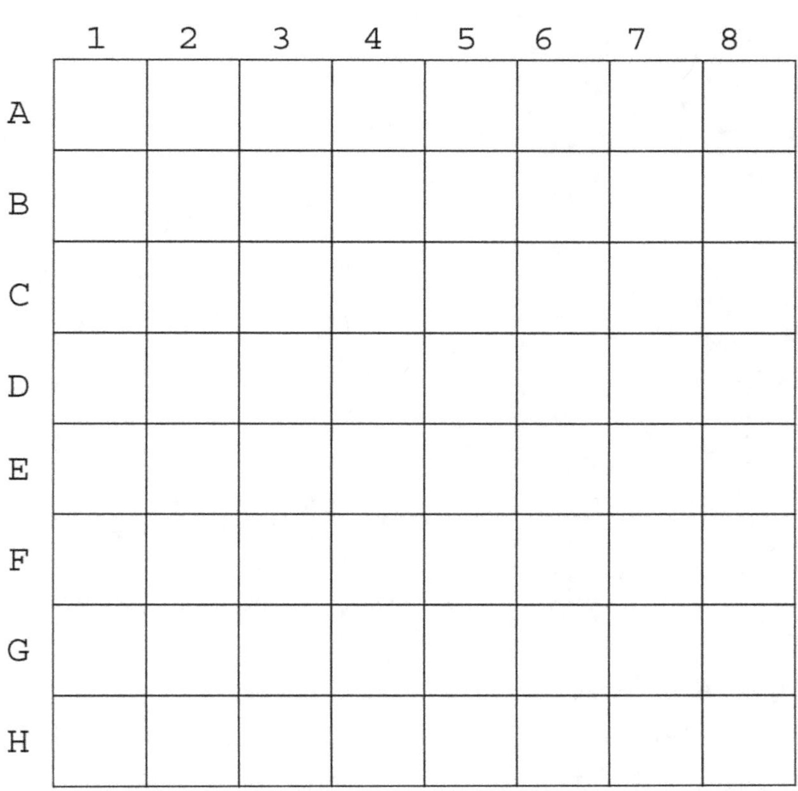
1 2 3 4 5 6 7 8
A
B
C
D
E
F
G
H

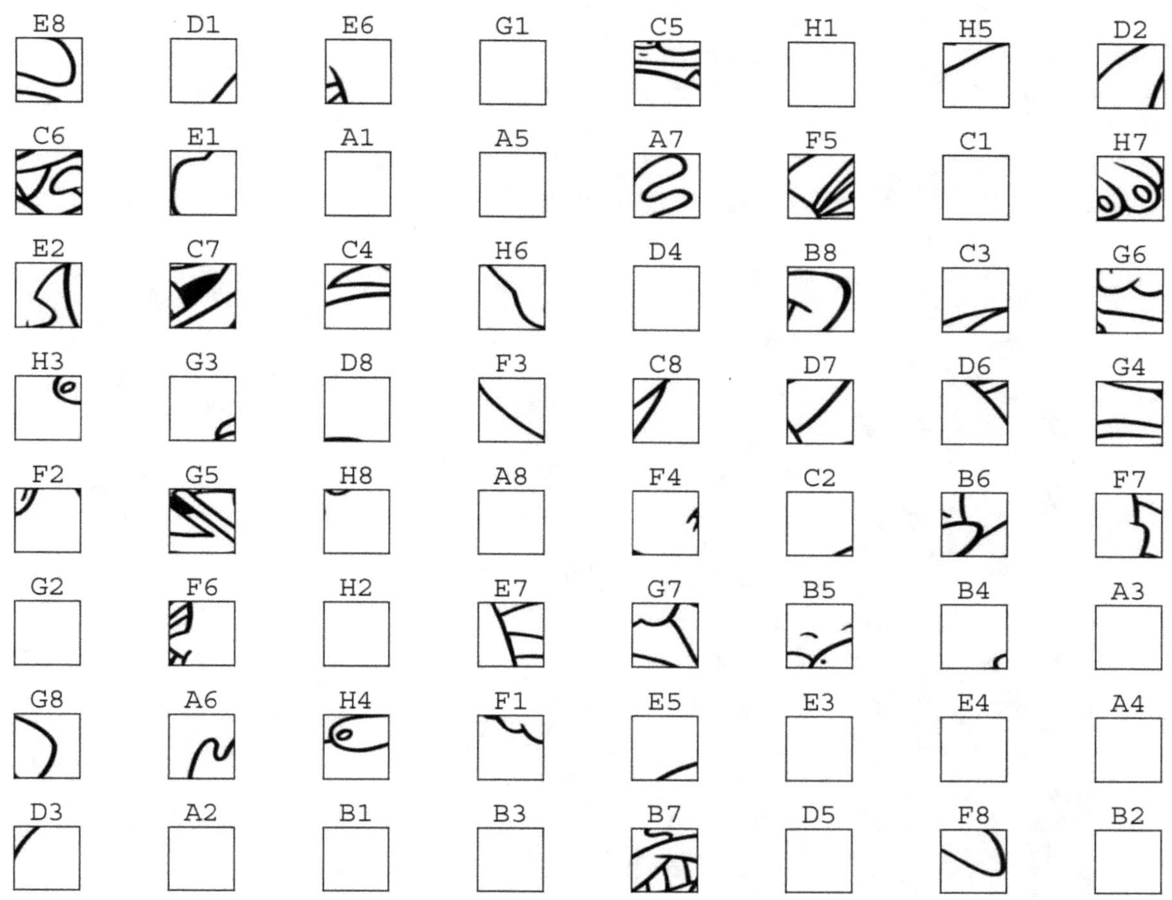
E8 D1 E6 G1 C5 H1 H5 D2
C6 E1 A1 A5 A7 F5 C1 H7
E2 C7 C4 H6 D4 B8 C3 G6
H3 G3 D8 F3 C8 D7 D6 G4
F2 G5 H8 A8 F4 C2 B6 F7
G2 F6 H2 E7 G7 B5 B4 A3
G8 A6 H4 F1 E5 E3 E4 A4
D3 A2 B1 B3 B7 D5 F8 B2

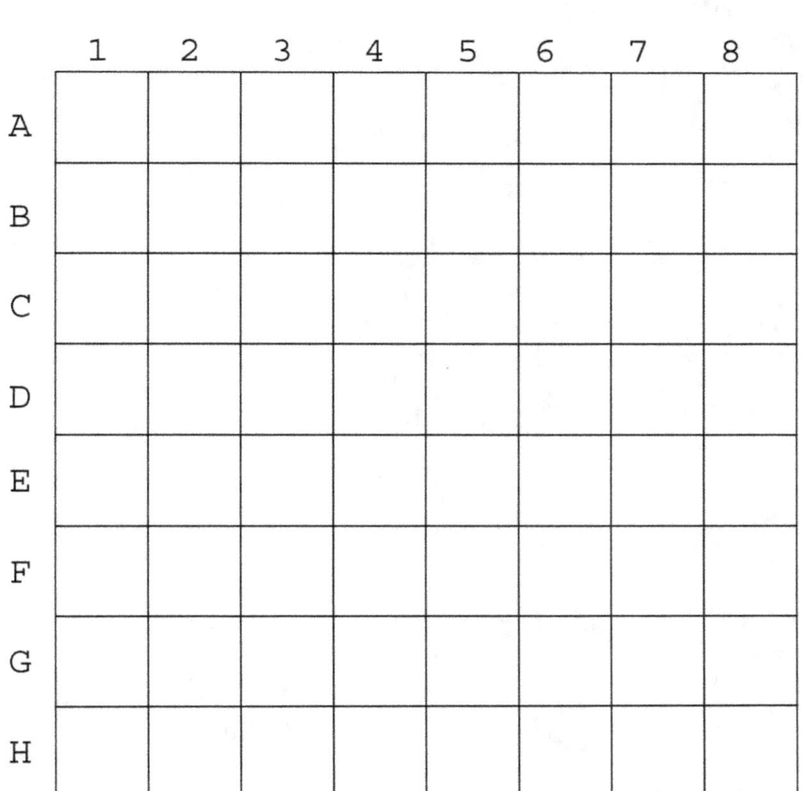
1 2 3 4 5 6 7 8
A
B
C
D
E
F
G
H

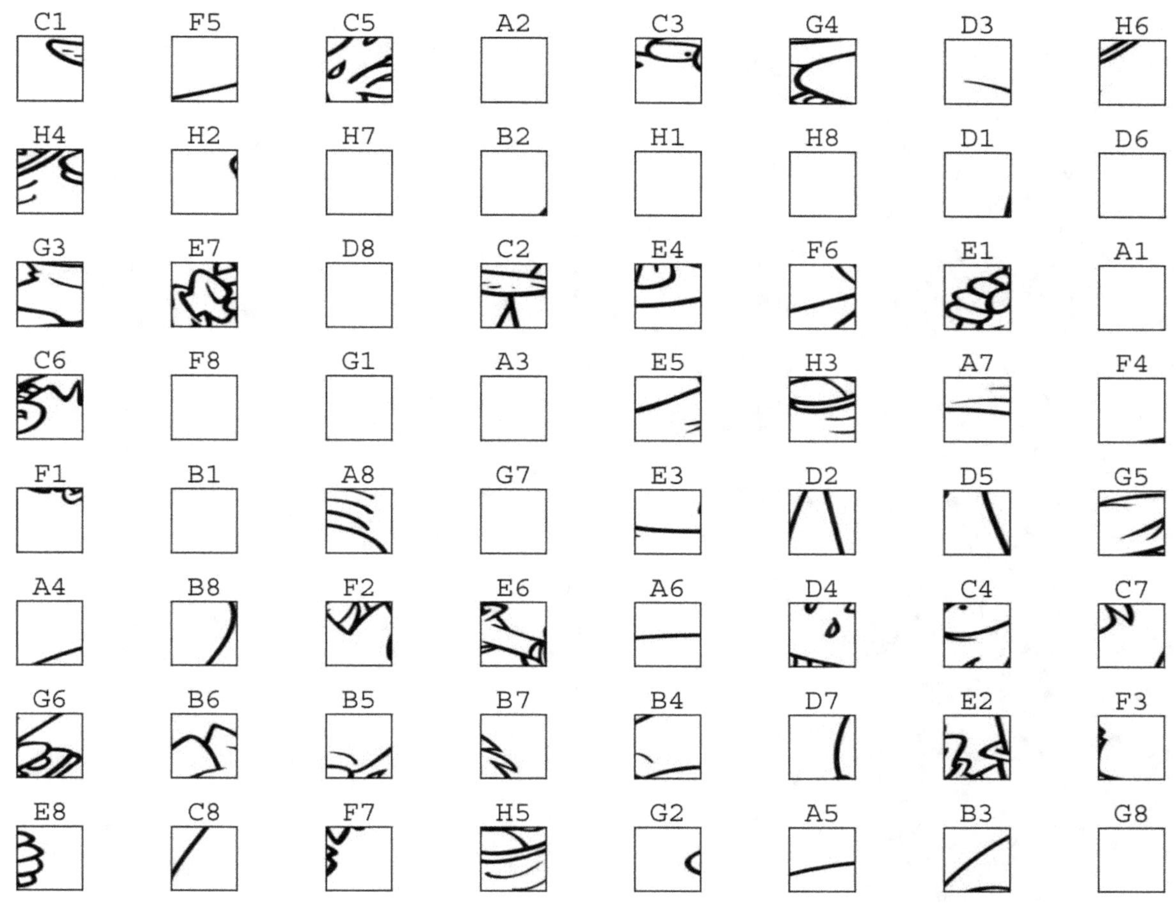
C1 F5 C5 A2 C3 G4 D3 H6
H4 H2 H7 B2 H1 H8 D1 D6
G3 E7 D8 C2 E4 F6 E1 A1
C6 F8 G1 A3 E5 H3 A7 F4
F1 B1 A8 G7 E3 D2 D5 G5
A4 B8 F2 E6 A6 D4 C4 C7
G6 B6 B5 B7 B4 D7 E2 F3
E8 C8 F7 H5 G2 A5 B3 G8

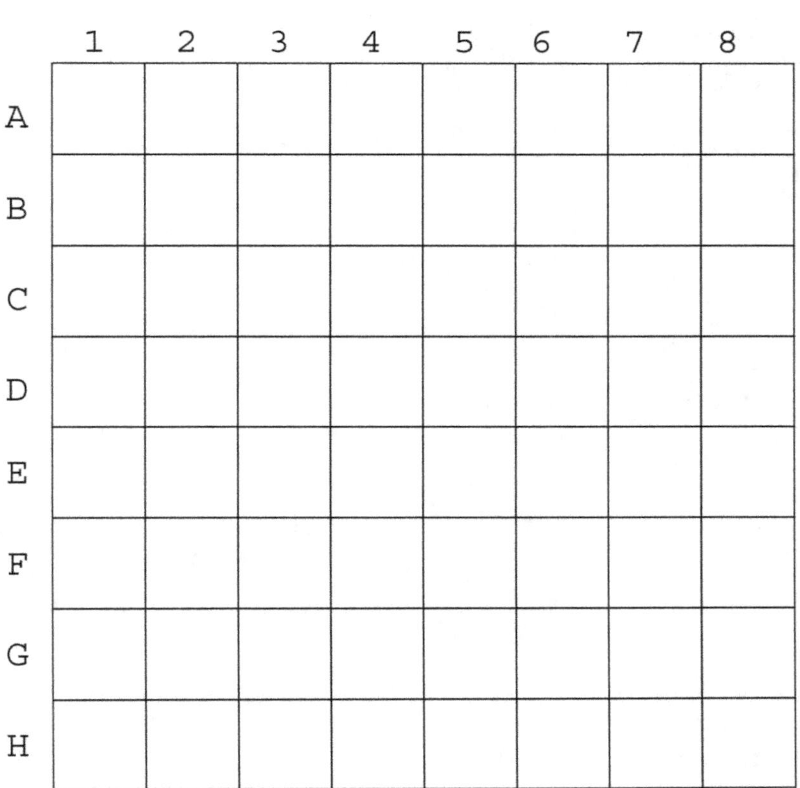
1 2 3 4 5 6 7 8
A
B
C
D
E
F
G
H

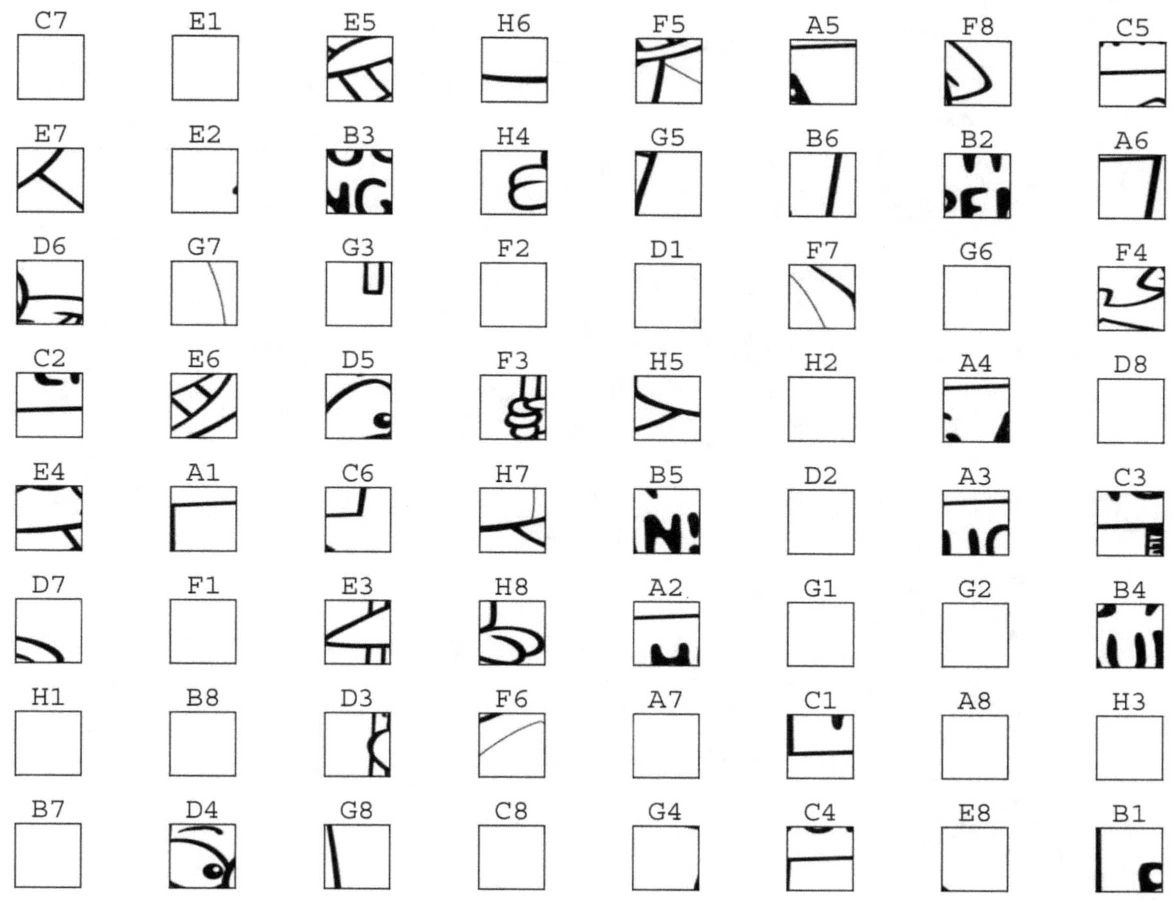
C7 E1 E5 H6 F5 A5 F8 C5
E7 E2 B3 H4 G5 B6 B2 A6
D6 G7 G3 F2 D1 F7 G6 F4
C2 E6 D5 F3 H5 H2 A4 D8
E4 A1 C6 H7 B5 D2 A3 C3
D7 F1 E3 H8 A2 G1 G2 B4
H1 B8 D3 F6 A7 C1 A8 H3
B7 D4 G8 C8 G4 C4 E8 B1

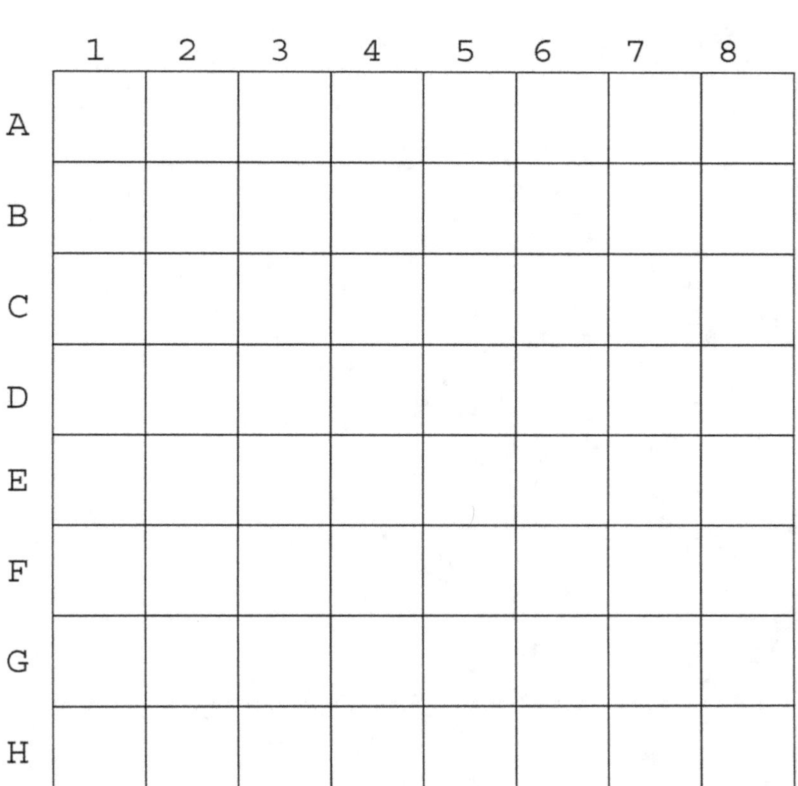
1 2 3 4 5 6 7 8
A
B
C
D
E
F
G
H

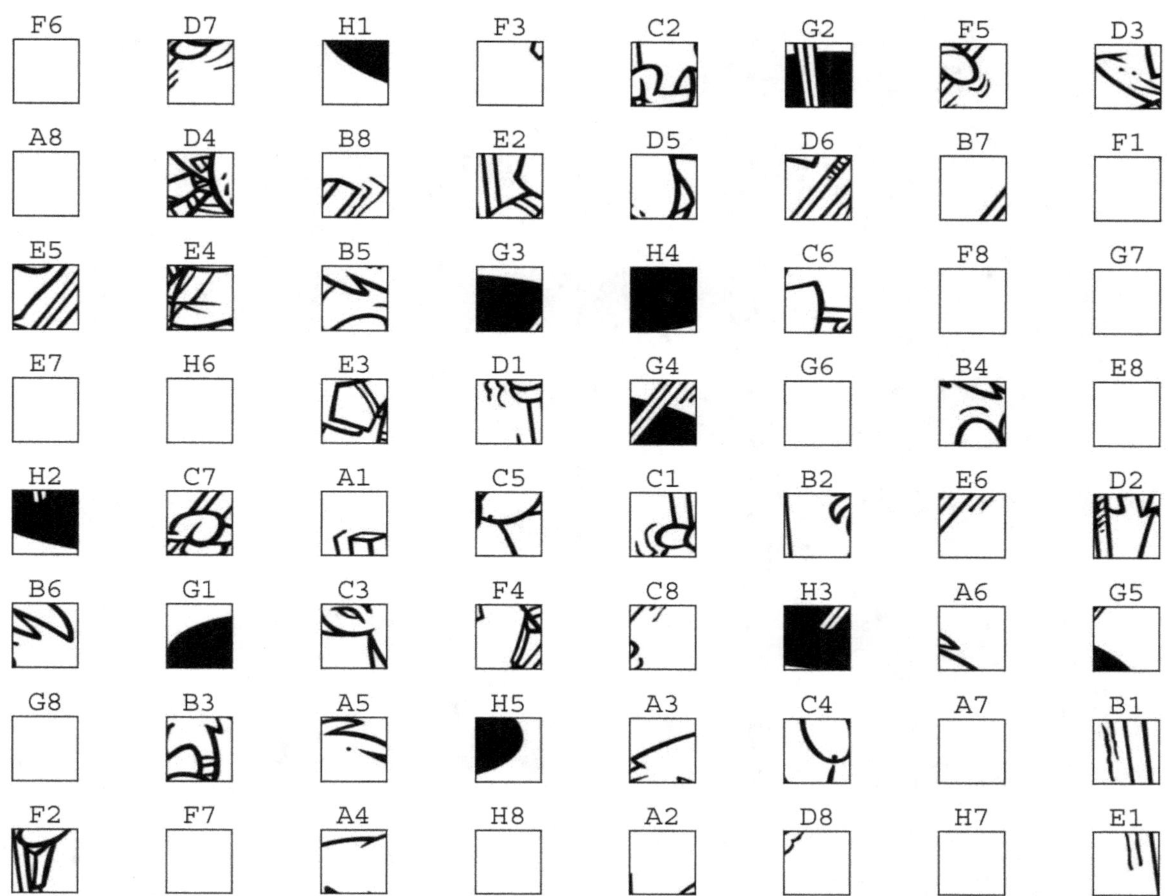
F6 D7 H1 F3 C2 G2 F5 D3
A8 D4 B8 E2 D5 D6 B7 F1
E5 E4 B5 G3 H4 C6 F8 G7
E7 H6 E3 D1 G4 G6 B4 E8
H2 C7 A1 C5 C1 B2 E6 D2
B6 G1 C3 F4 C8 H3 A6 G5
G8 B3 A5 H5 A3 C4 A7 B1
F2 F7 A4 H8 A2 D8 H7 E1

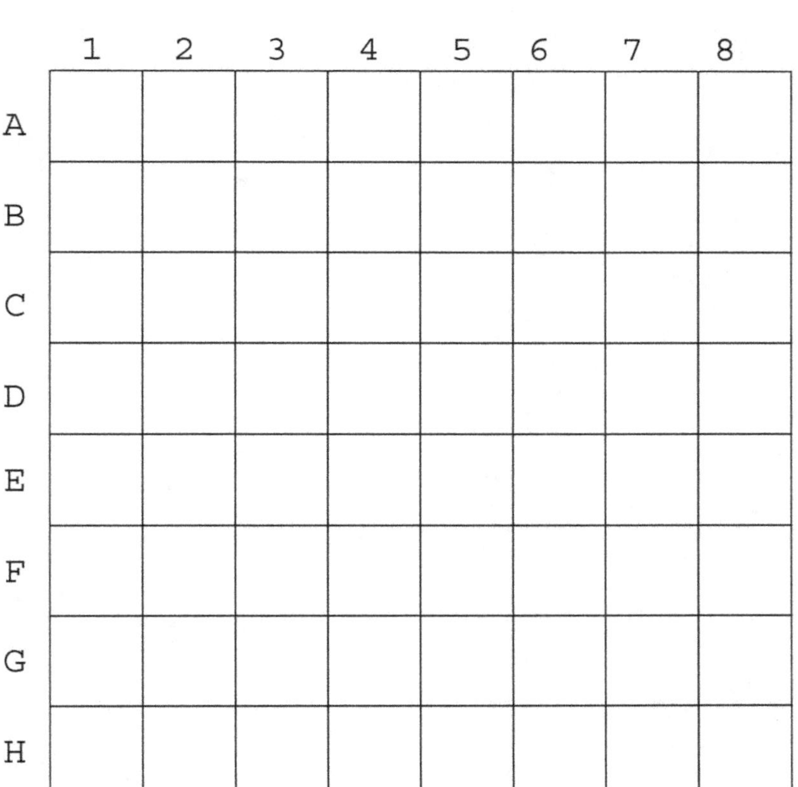
1 2 3 4 5 6 7 8
A
B
C
D
E
F
G
H

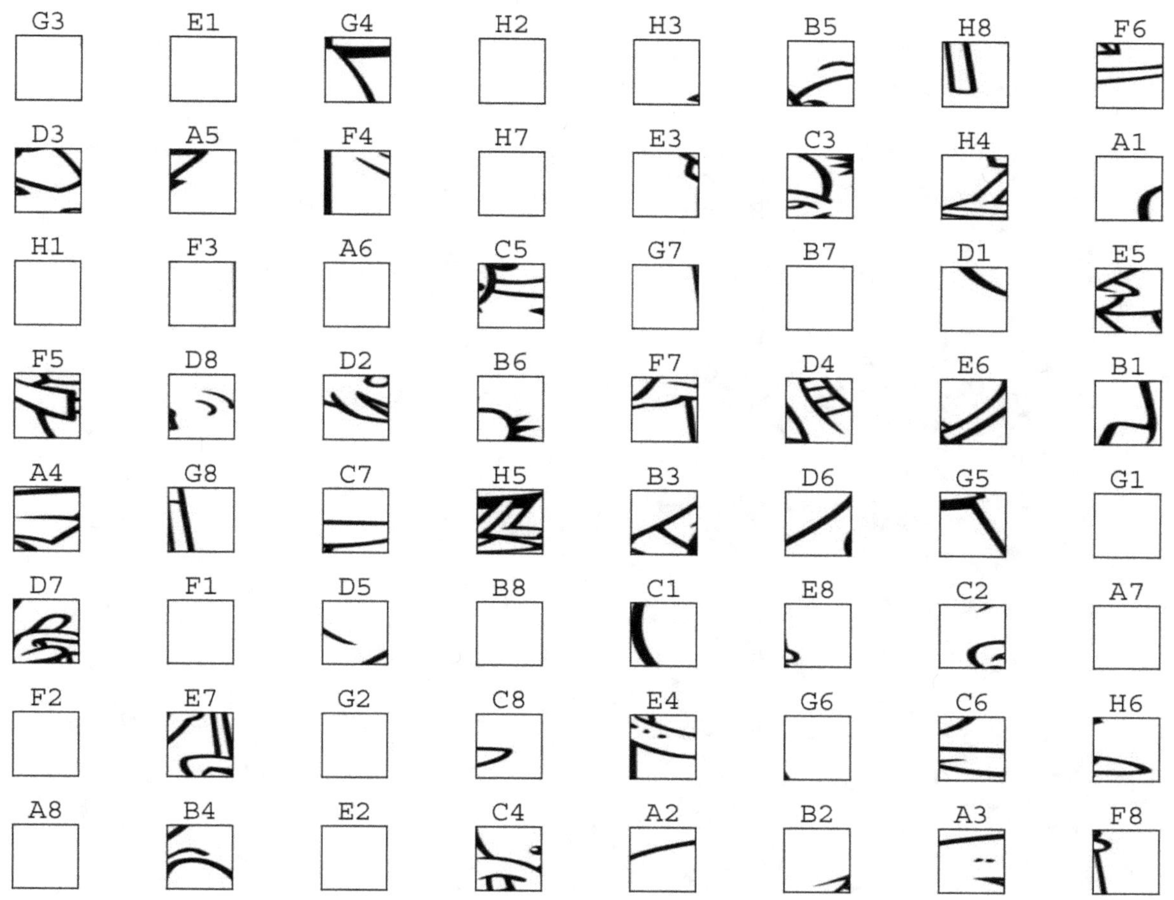
G3 E1 G4 H2 H3 B5 H8 F6
D3 A5 F4 H7 E3 C3 H4 A1
H1 F3 A6 C5 G7 B7 D1 E5
F5 D8 D2 B6 F7 D4 E6 B1
A4 G8 C7 H5 B3 D6 G5 G1
D7 F1 D5 B8 C1 E8 C2 A7
F2 E7 G2 C8 E4 G6 C6 H6
A8 B4 E2 C4 A2 B2 A3 F8

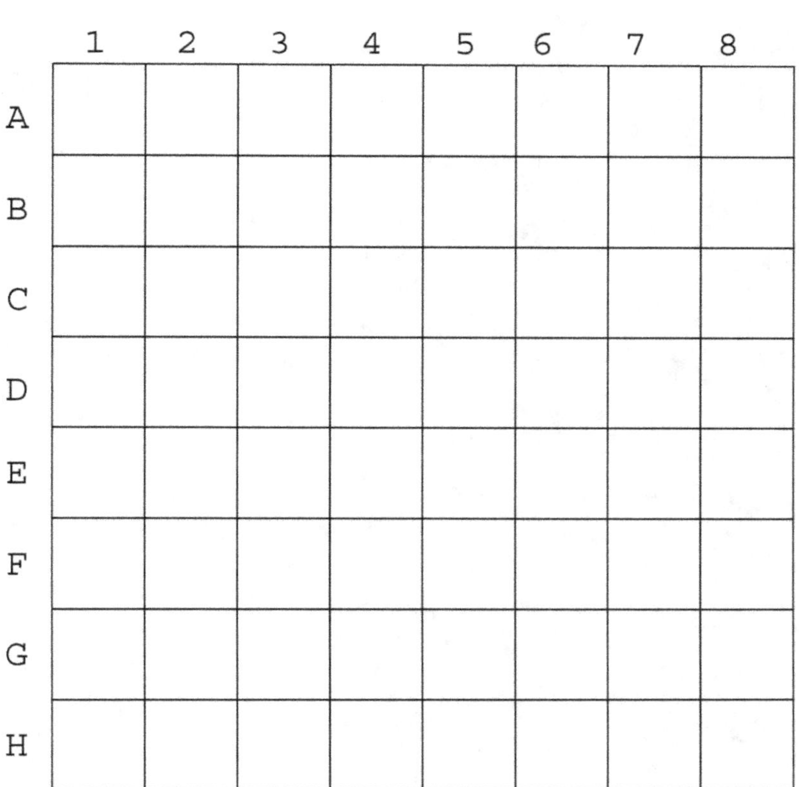
1 2 3 4 5 6 7 8
A
B
C
D
E
F
G
H

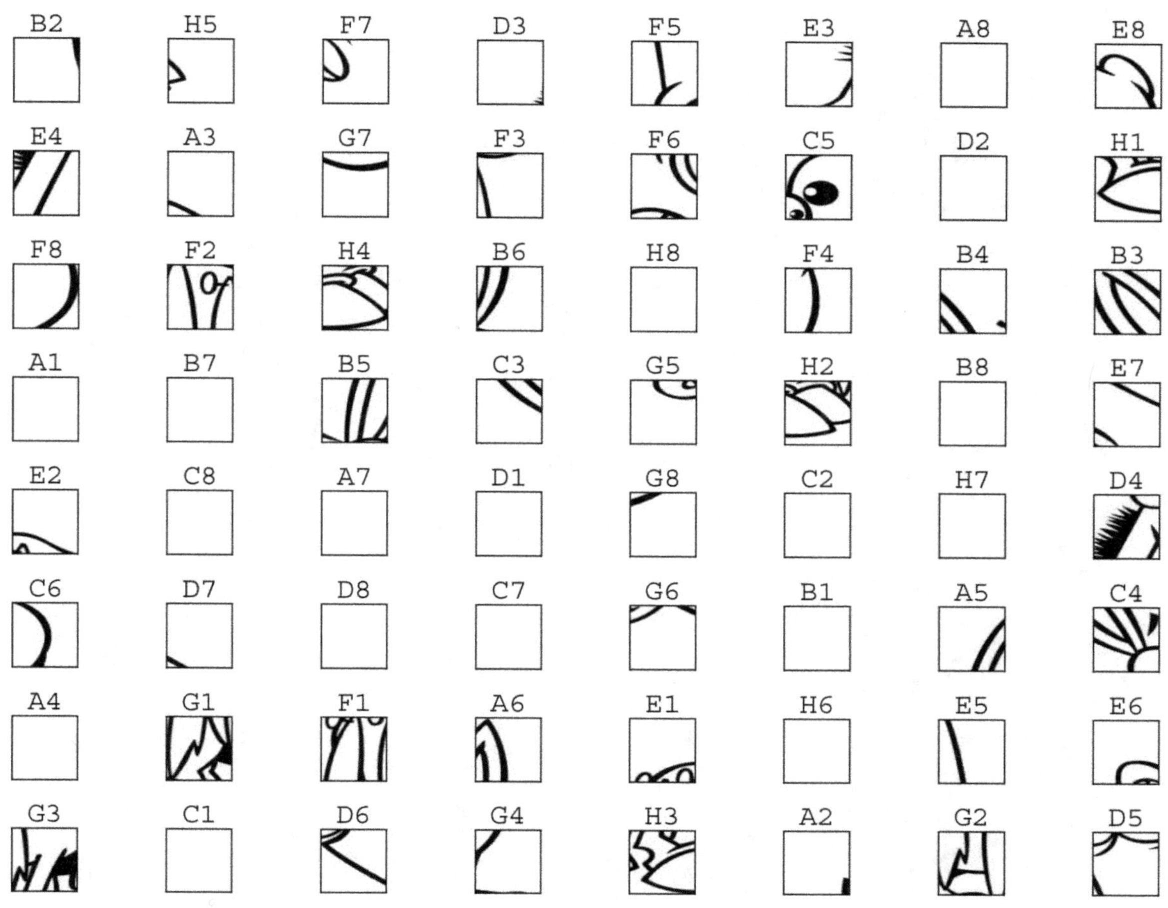
B2 H5 F7 D3 F5 E3 A8 E8
E4 A3 G7 F3 F6 C5 D2 H1
F8 F2 H4 B6 H8 F4 B4 B3
A1 B7 B5 C3 G5 H2 B8 E7
E2 C8 A7 D1 G8 C2 H7 D4
C6 D7 D8 C7 G6 B1 A5 C4
A4 G1 F1 A6 E1 H6 E5 E6
G3 C1 D6 G4 H3 A2 G2 D5

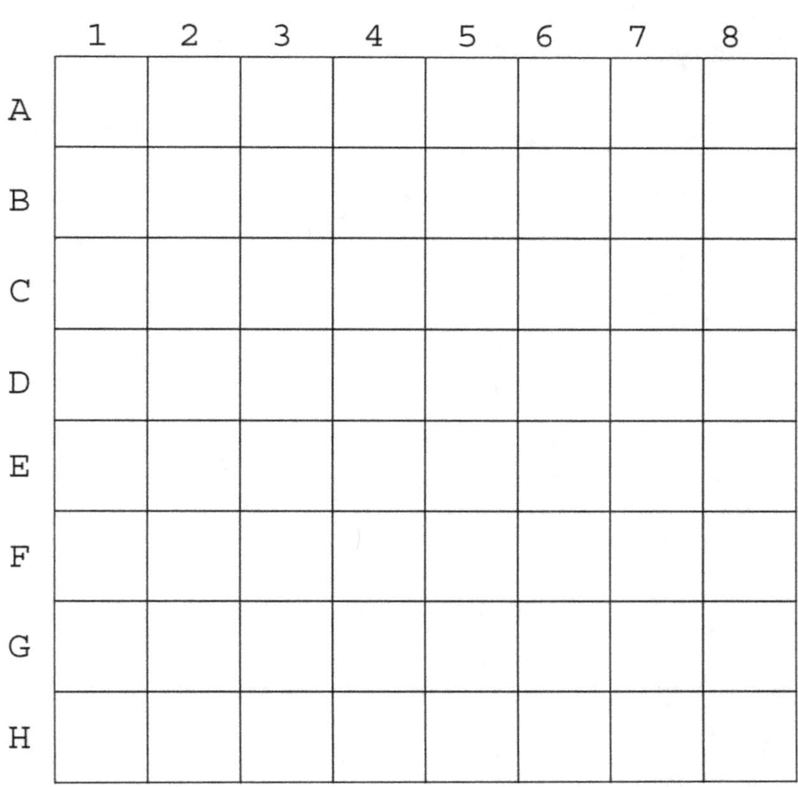
1 2 3 4 5 6 7 8
A
B
C
D
E
F
G
H

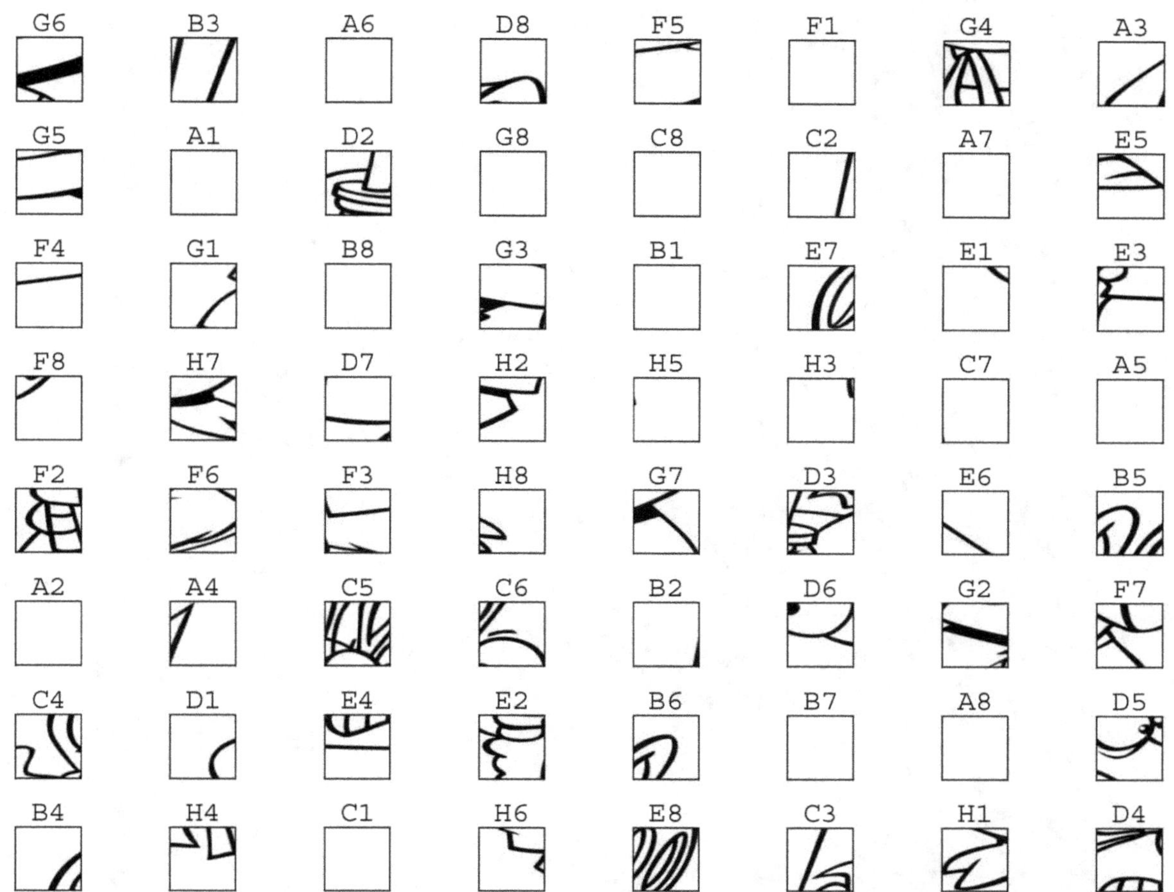
G6 B3 A6 D8 F5 F1 G4 A3
G5 A1 D2 G8 C8 C2 A7 E5
F4 G1 B8 G3 B1 E7 E1 E3
F8 H7 D7 H2 H5 H3 C7 A5
F2 F6 F3 H8 G7 D3 E6 B5
A2 A4 C5 C6 B2 D6 G2 F7
C4 D1 E4 E2 B6 B7 A8 D5
B4 H4 C1 H6 E8 C3 H1 D4

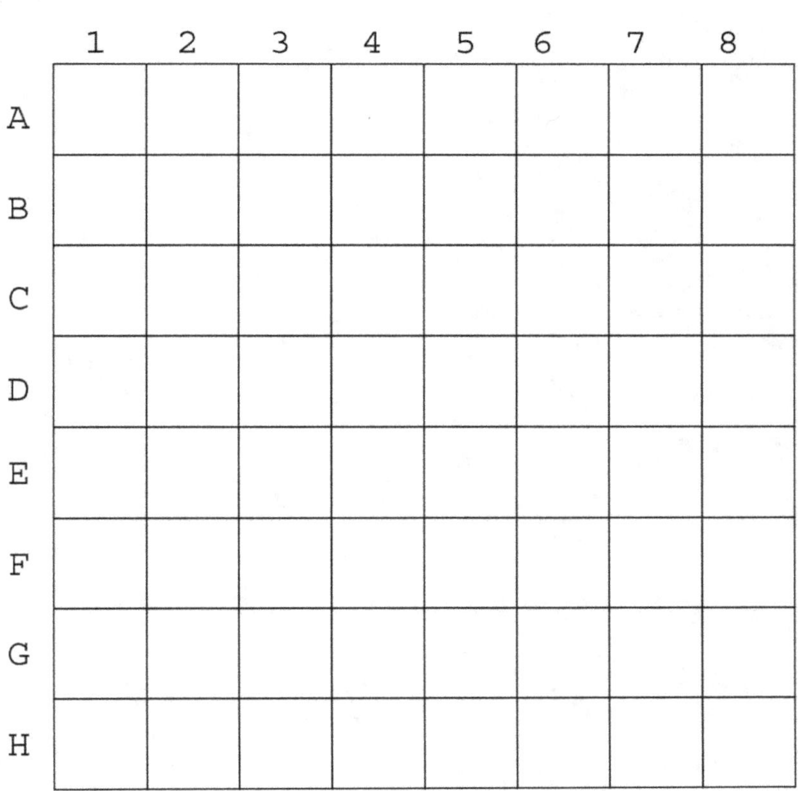
1 2 3 4 5 6 7 8
A
B
C
D
E
F
G
H

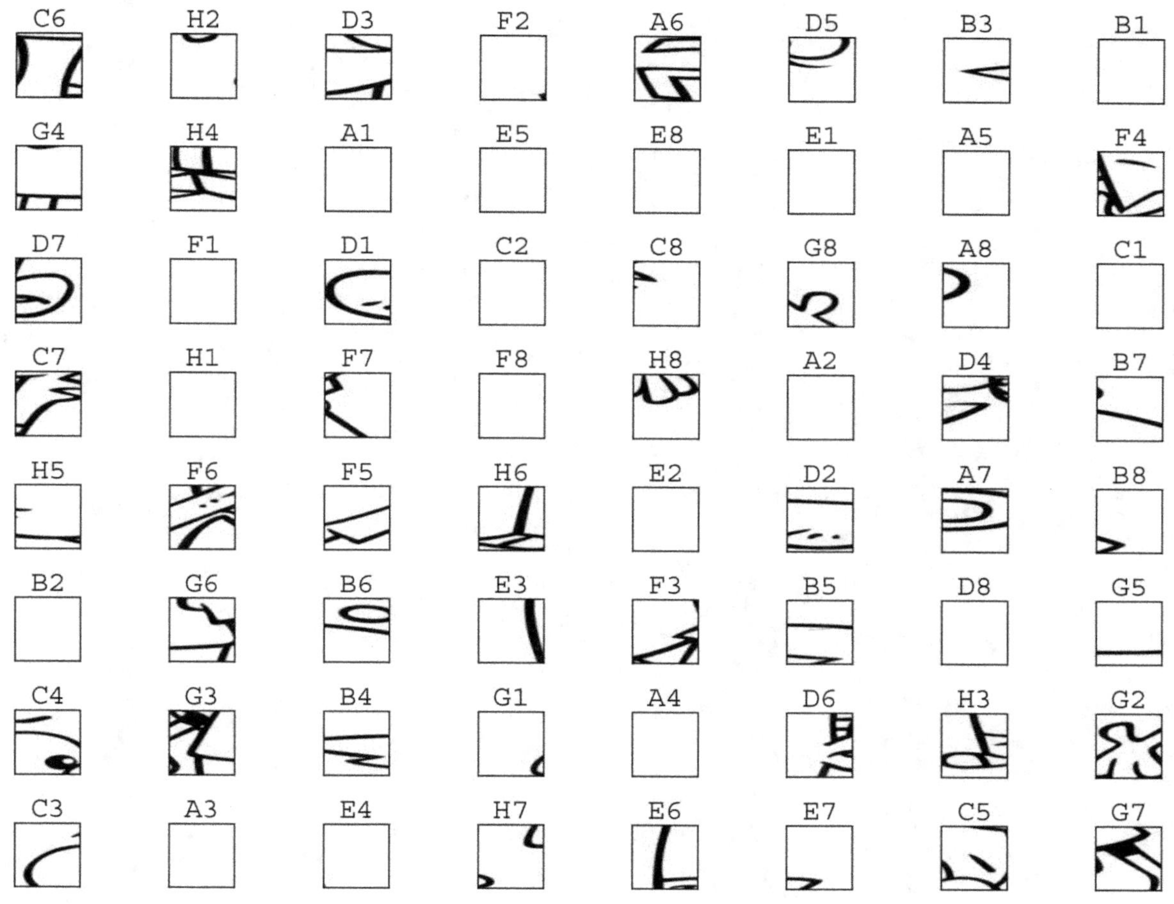
C6 H2 D3 F2 A6 D5 B3 B1
G4 H4 A1 E5 E8 E1 A5 F4
D7 F1 D1 C2 C8 G8 A8 C1
C7 H1 F7 F8 H8 A2 D4 B7
H5 F6 F5 H6 E2 D2 A7 B8
B2 G6 B6 E3 F3 B5 D8 G5
C4 G3 B4 G1 A4 D6 H3 G2
C3 A3 E4 H7 E6 E7 C5 G7

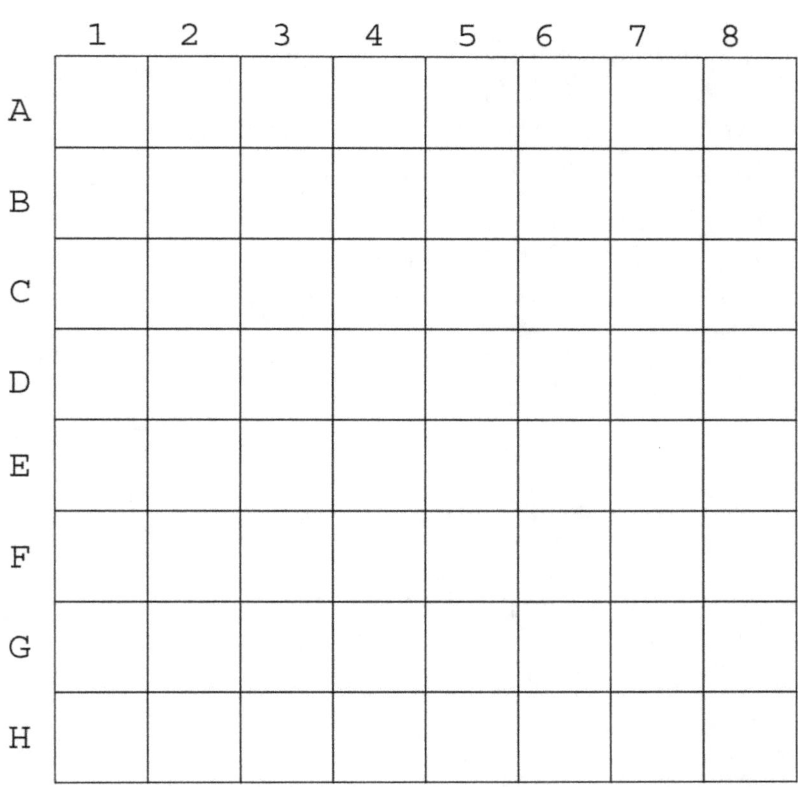
1 2 3 4 5 6 7 8
A B C D E F G H

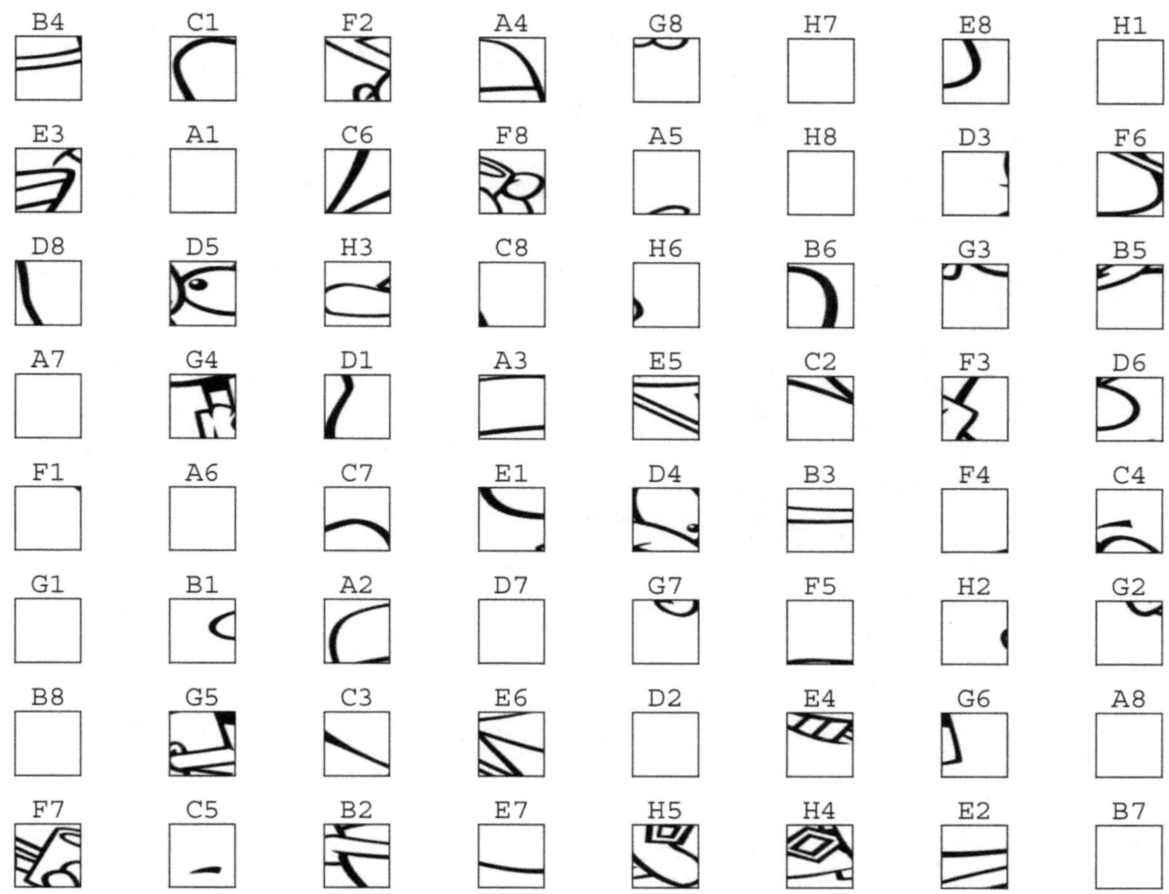
B4 C1 F2 A4 G8 H7 E8 H1
E3 A1 C6 F8 A5 H8 D3 F6
D8 D5 H3 C8 H6 B6 G3 B5
A7 G4 D1 A3 E5 C2 F3 D6
F1 A6 C7 E1 D4 B3 F4 C4
G1 B1 A2 D7 G7 F5 H2 G2
B8 G5 C3 E6 D2 E4 G6 A8
F7 C5 B2 E7 H5 H4 E2 B7

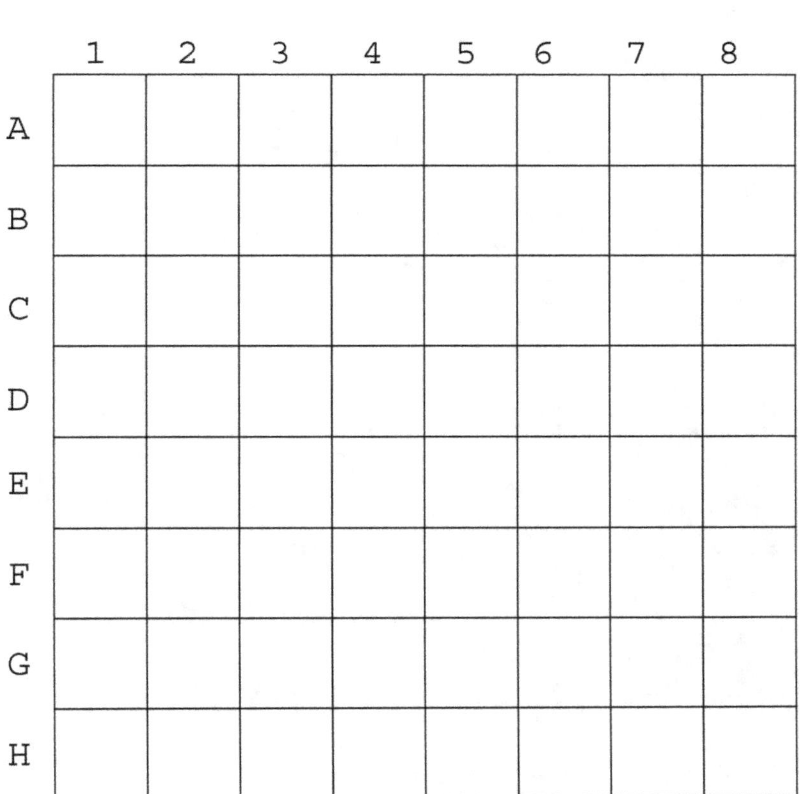
1 2 3 4 5 6 7 8
A
B
C
D
E
F
G
H

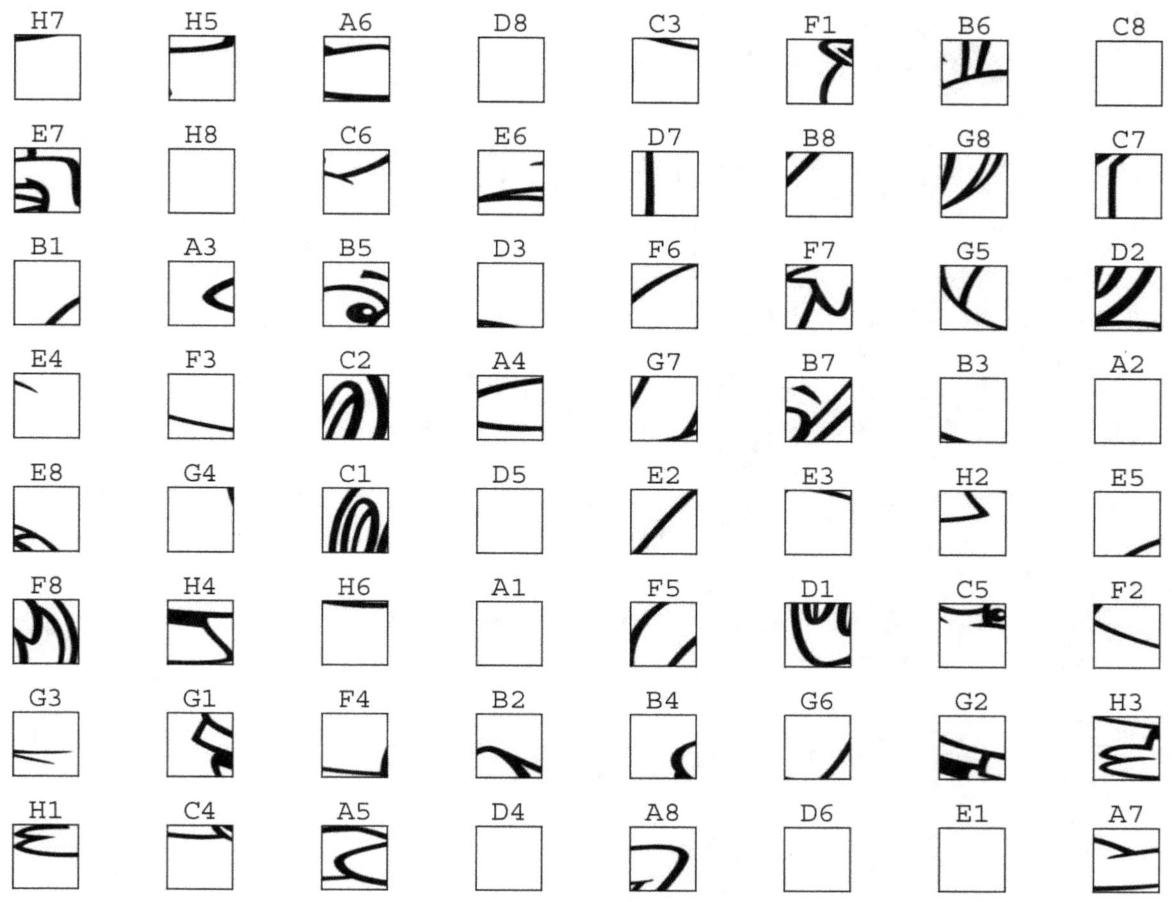
H7
H5
A6
D8
C3
F1
B6
C8
E7
H8
C6
E6
D7
B8
G8
C7
B1
A3
B5
D3
F6
F7
G5
D2
E4
F3
C2
A4
G7
B7
B3
A2
E8
G4
C1
D5
E2
E3
H2
E5
F8
H4
H6
A1
F5
D1
C5
F2
G3
G1
F4
B2
B4
G6
G2
H3
H1
C4
A5
D4
A8
D6
E1
A7

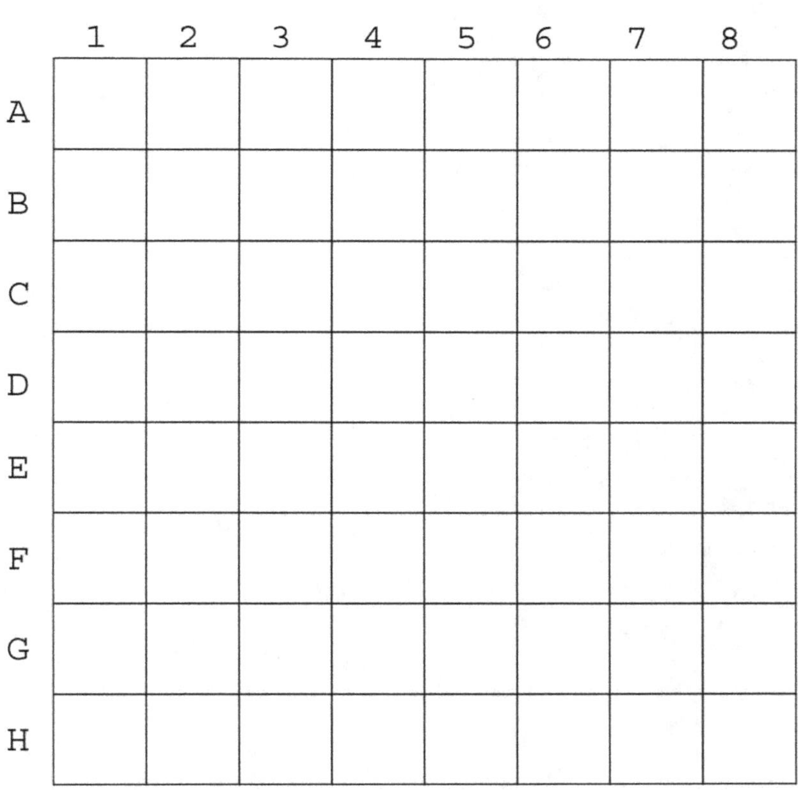
1
2
3
4
5
6
7
8
A
B
C
D
E
F
G
H

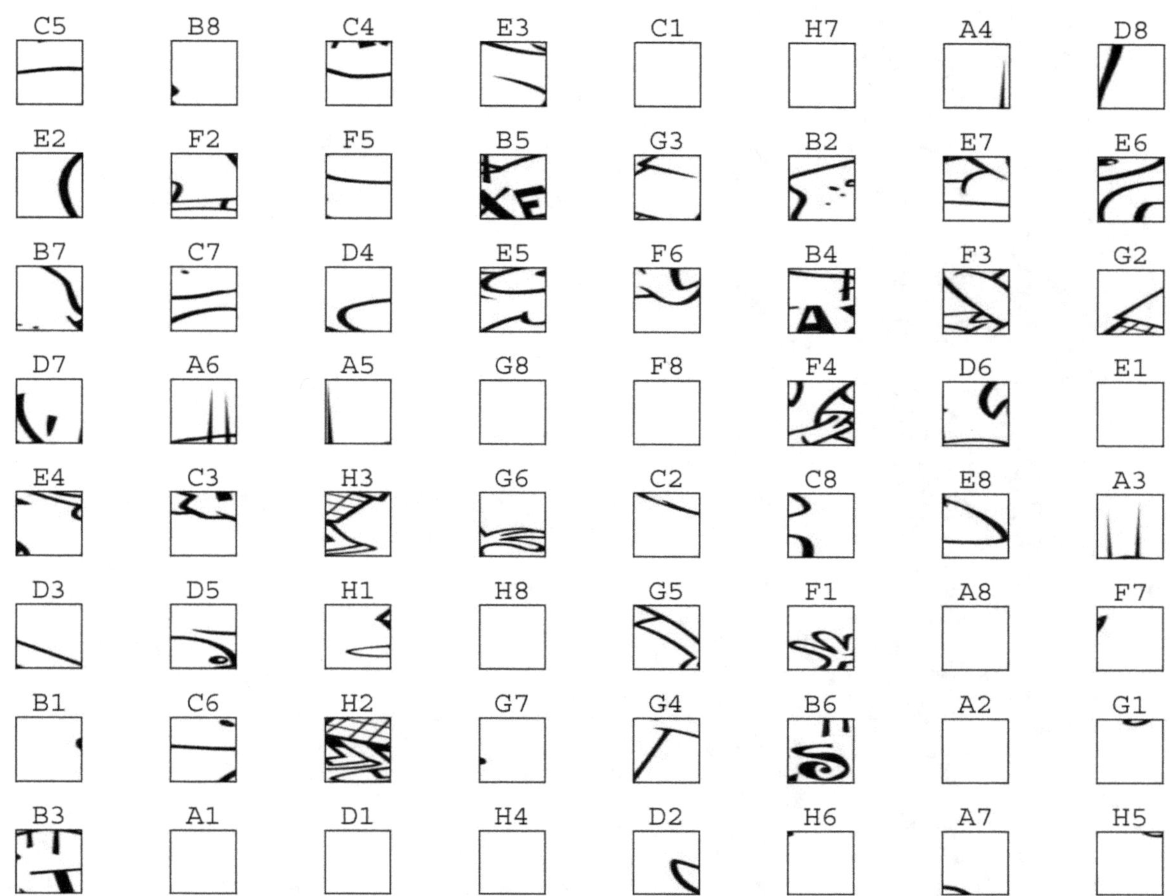
C5 B8 C4 E3 C1 H7 A4 D8
E2 F2 F5 B5 G3 B2 E7 E6
B7 C7 D4 E5 F6 B4 F3 G2
D7 A6 A5 G8 F8 F4 D6 E1
E4 C3 H3 G6 C2 C8 E8 A3
D3 D5 H1 H8 G5 F1 A8 F7
B1 C6 H2 G7 G4 B6 A2 G1
B3 A1 D1 H4 D2 H6 A7 H5

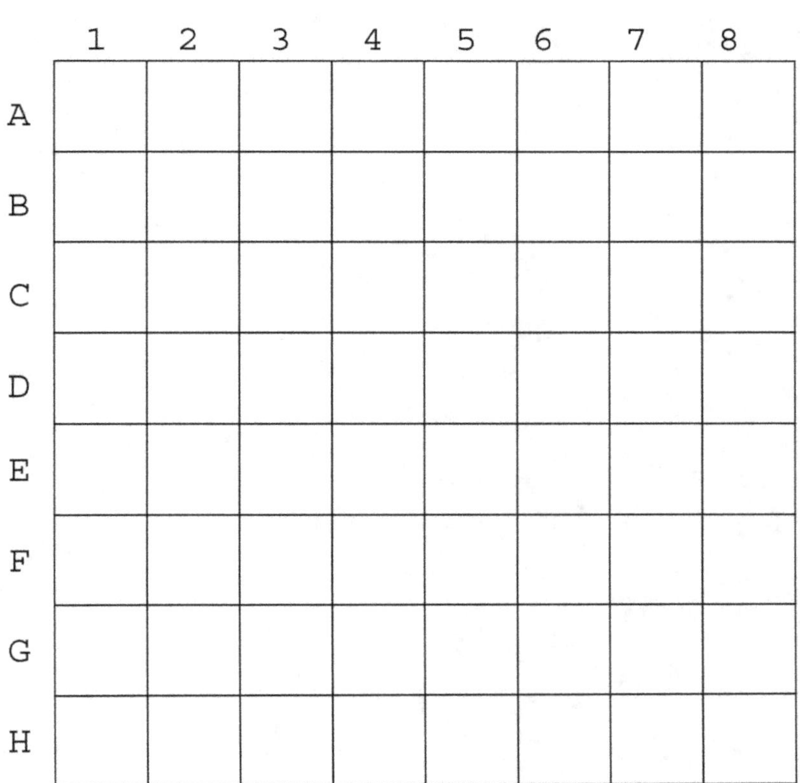
1 2 3 4 5 6 7 8
A
B
C
D
E
F
G
H

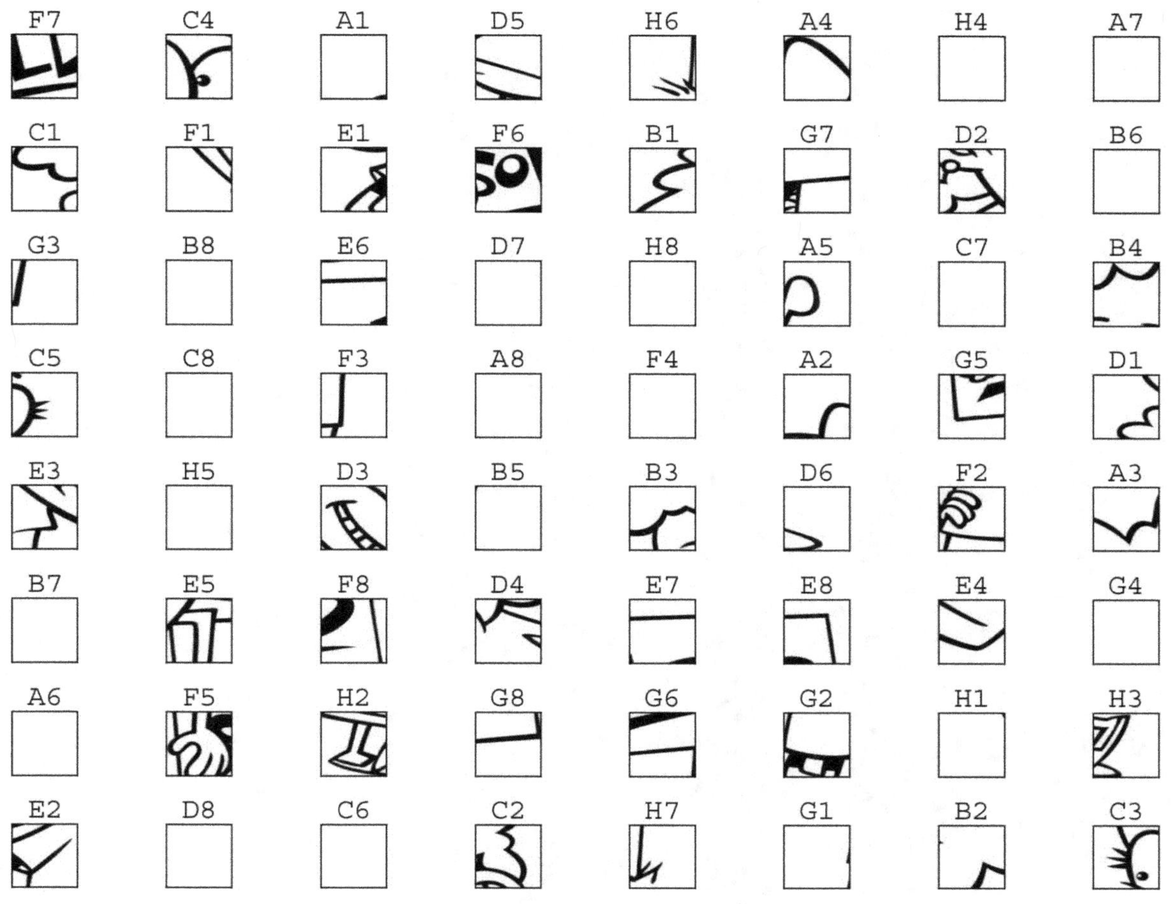
F7 C4 A1 D5 H6 A4 H4 A7
C1 F1 E1 F6 B1 G7 D2 B6
G3 B8 E6 D7 H8 A5 C7 B4
C5 C8 F3 A8 F4 A2 G5 D1
E3 H5 D3 B5 B3 D6 F2 A3
B7 E5 F8 D4 E7 E8 E4 G4
A6 F5 H2 G8 G6 G2 H1 H3
E2 D8 C6 C2 H7 G1 B2 C3

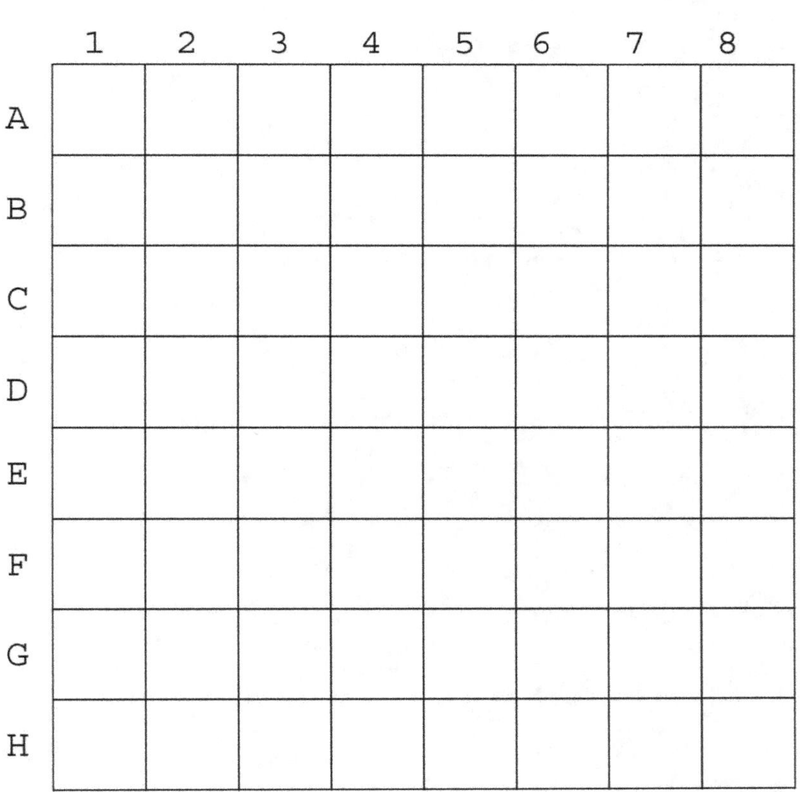
1 2 3 4 5 6 7 8
A
B
C
D
E
F
G
H

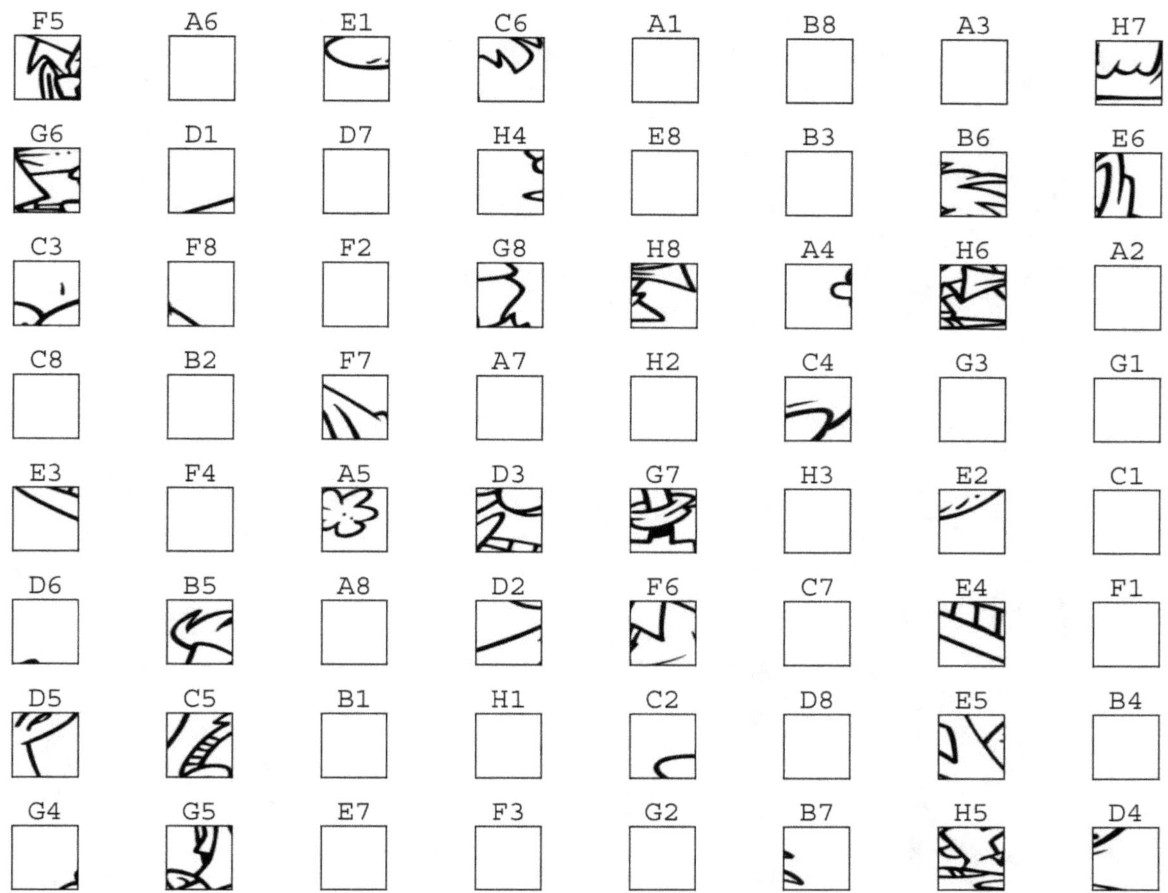

F5
A6
E1
C6
A1
B8
A3
H7
G6
D1
D7
H4
E8
B3
B6
E6
C3
F8
F2
G8
H8
A4
H6
A2
C8
B2
F7
A7
H2
C4
G3
G1
E3
F4
A5
D3
G7
H3
E2
C1
D6
B5
A8
D2
F6
C7
E4
F1
D5
C5
B1
H1
C2
D8
E5
B4
G4
G5
E7
F3
G2
B7
H5
D4

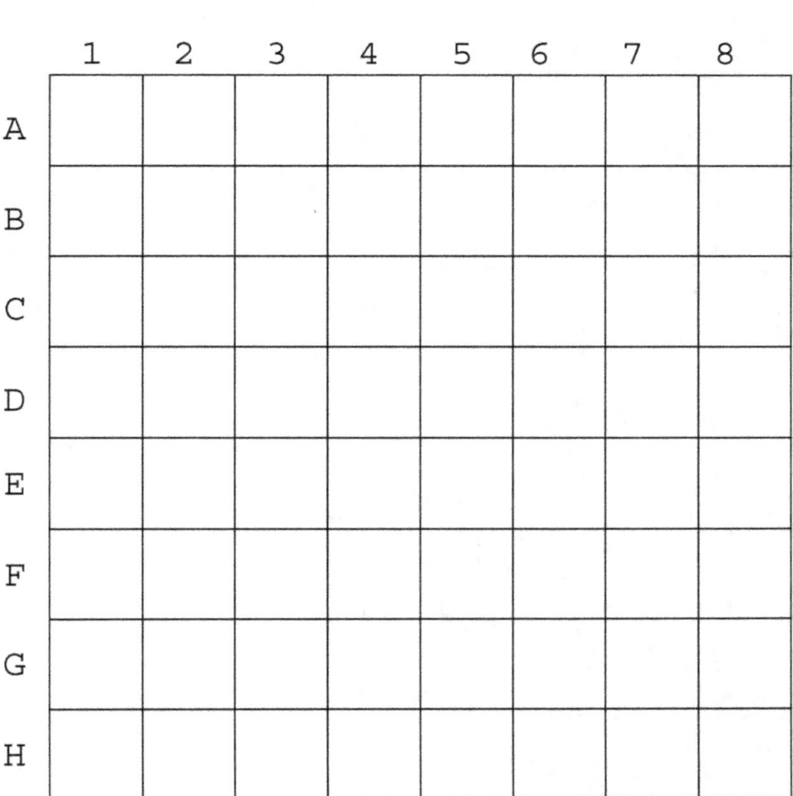

1
2
3
4
5
6
7
8
A
B
C
D
E
F
G
H

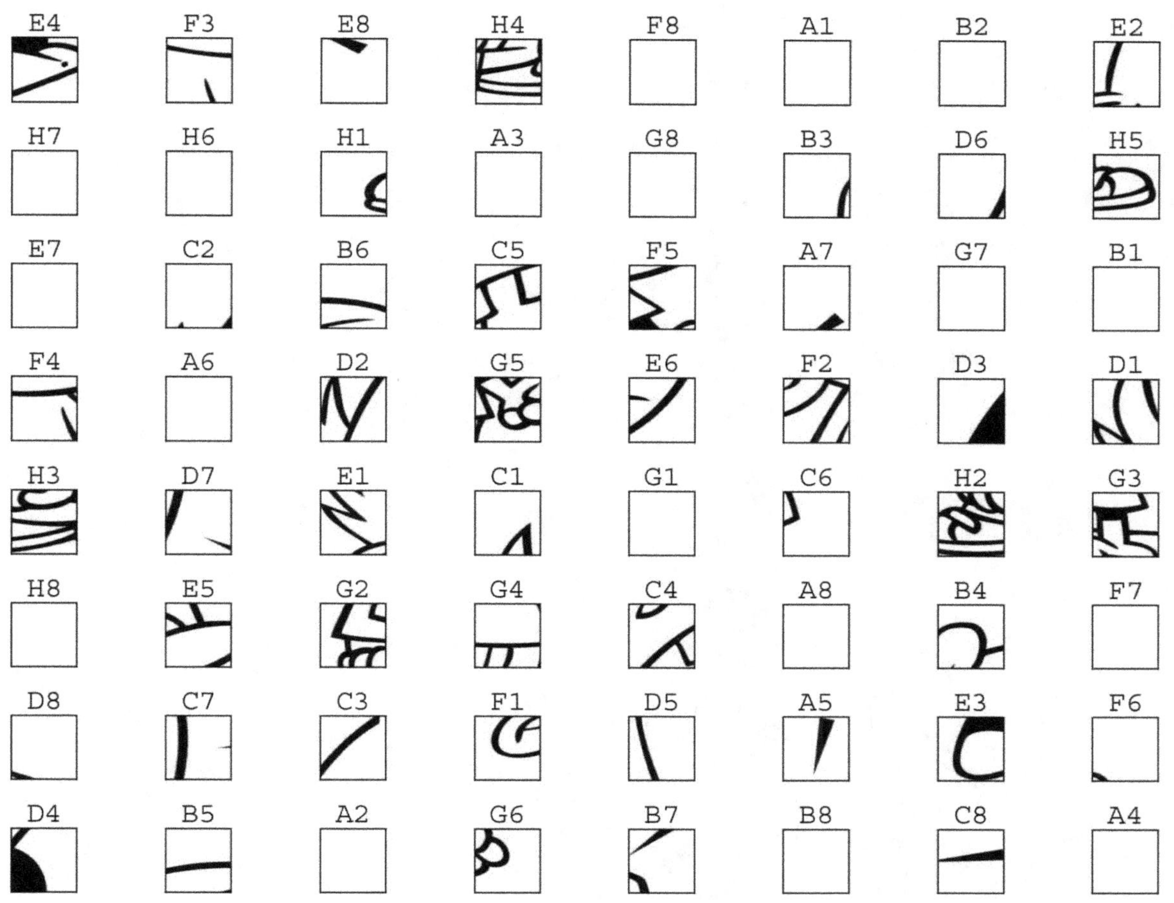
E4 F3 E8 H4 F8 A1 B2 E2
H7 H6 H1 A3 G8 B3 D6 H5
E7 C2 B6 C5 F5 A7 G7 B1
F4 A6 D2 G5 E6 F2 D3 D1
H3 D7 E1 C1 G1 C6 H2 G3
H8 E5 G2 G4 C4 A8 B4 F7
D8 C7 C3 F1 D5 A5 E3 F6
D4 B5 A2 G6 B7 B8 C8 A4

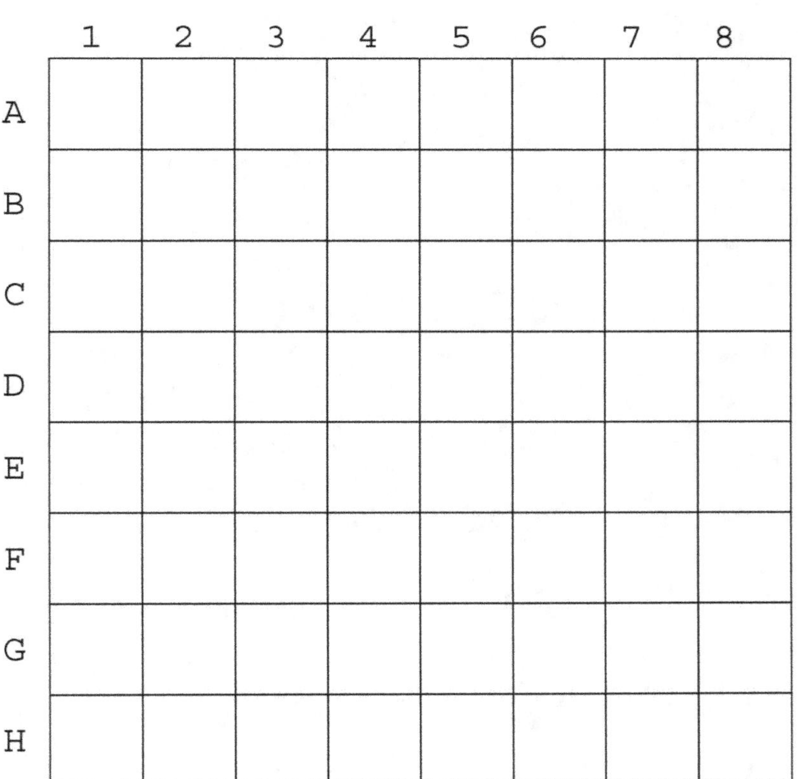
1 2 3 4 5 6 7 8
A
B
C
D
E
F
G
H

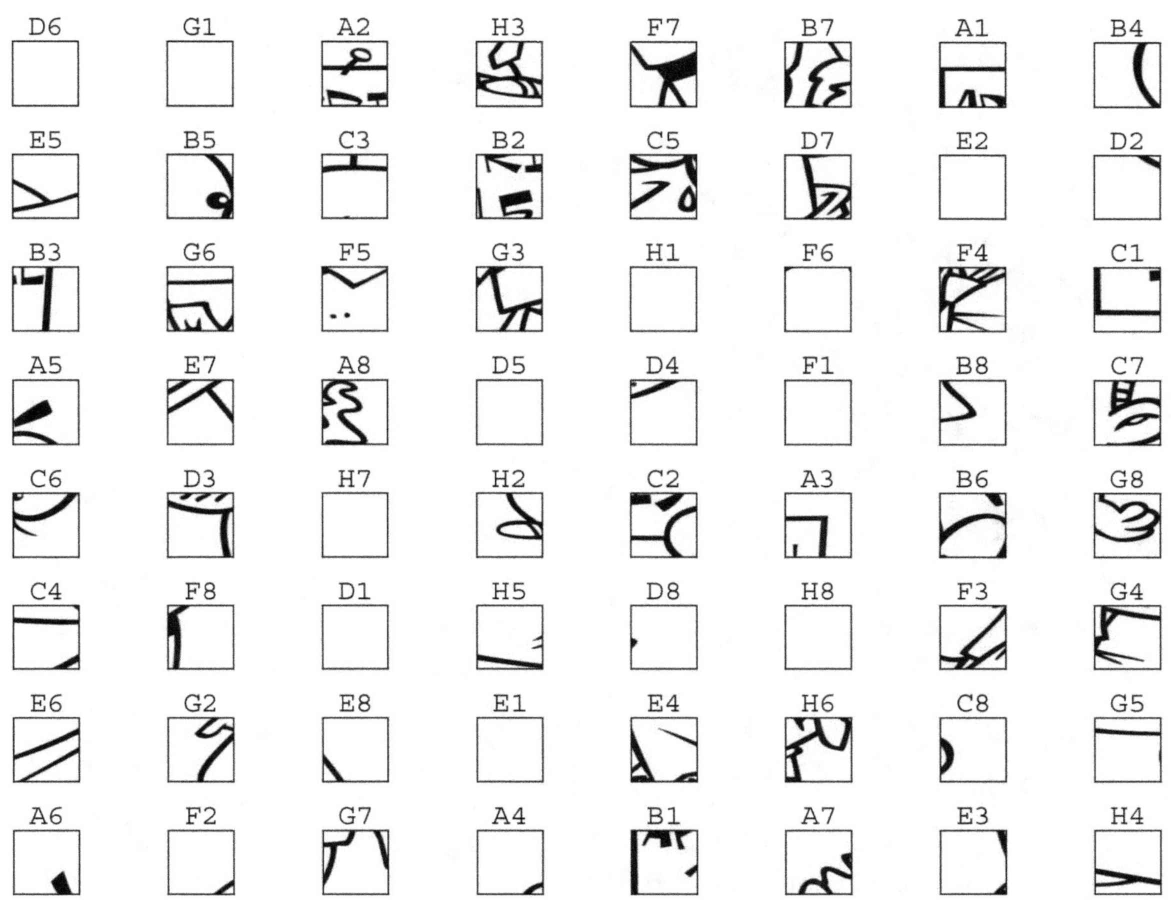
D6 G1 A2 H3 F7 B7 A1 B4
E5 B5 C3 B2 C5 D7 E2 D2
B3 G6 F5 G3 H1 F6 F4 C1
A5 E7 A8 D5 D4 F1 B8 C7
C6 D3 H7 H2 C2 A3 B6 G8
C4 F8 D1 H5 D8 H8 F3 G4
E6 G2 E8 E1 E4 H6 C8 G5
A6 F2 G7 A4 B1 A7 E3 H4

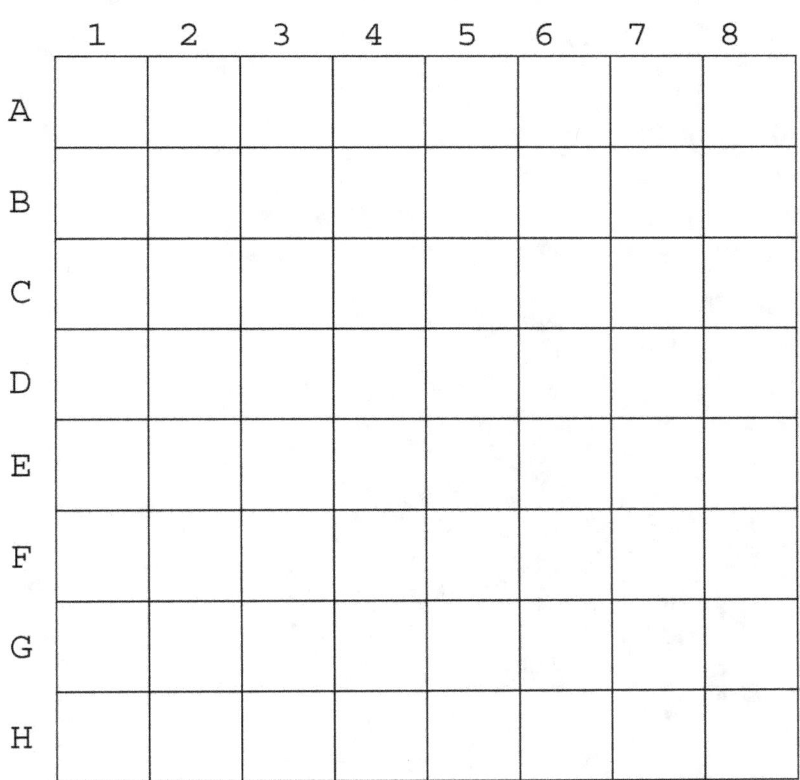
1 2 3 4 5 6 7 8
A
B
C
D
E
F
G
H

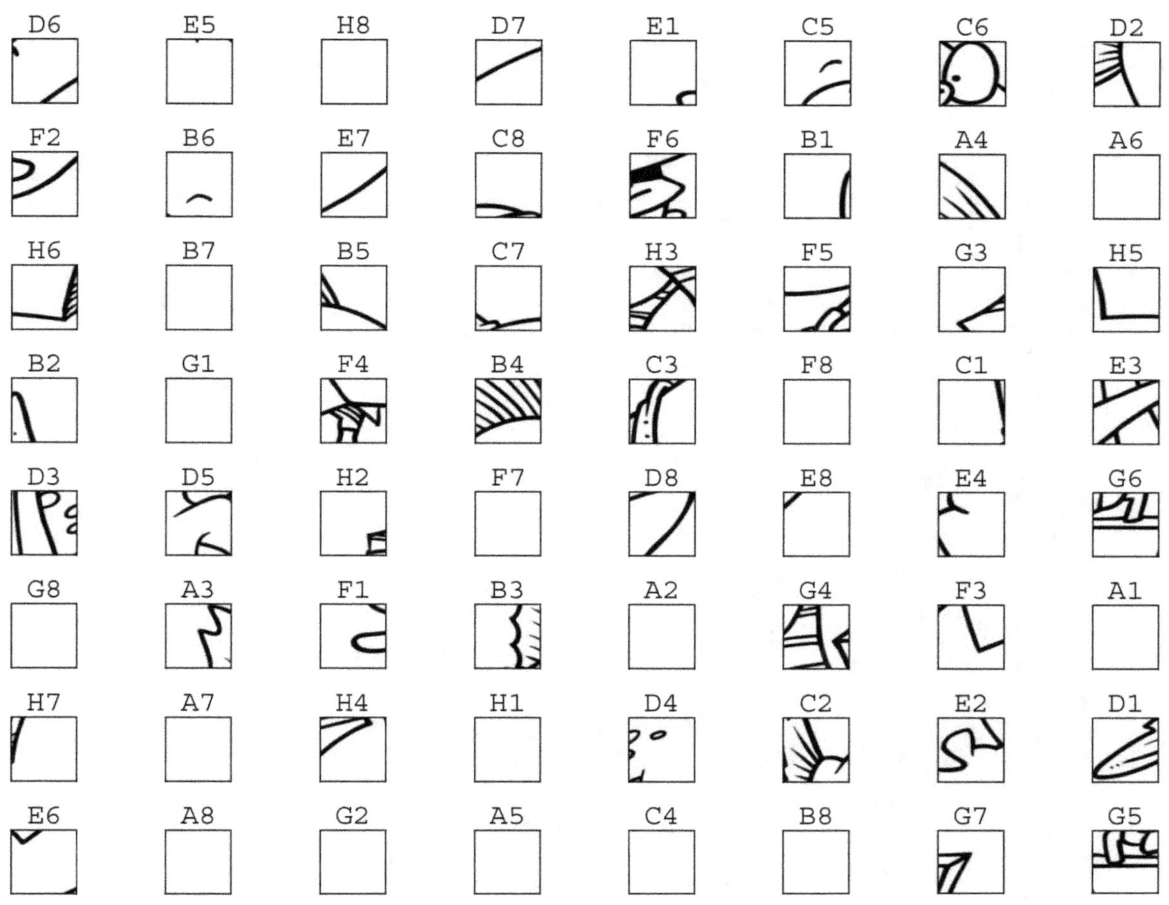
D6 E5 H8 D7 E1 C5 C6 D2
F2 B6 E7 C8 F6 B1 A4 A6
H6 B7 B5 C7 H3 F5 G3 H5
B2 G1 F4 B4 C3 F8 C1 E3
D3 D5 H2 F7 D8 E8 E4 G6
G8 A3 F1 B3 A2 G4 F3 A1
H7 A7 H4 H1 D4 C2 E2 D1
E6 A8 G2 A5 C4 B8 G7 G5

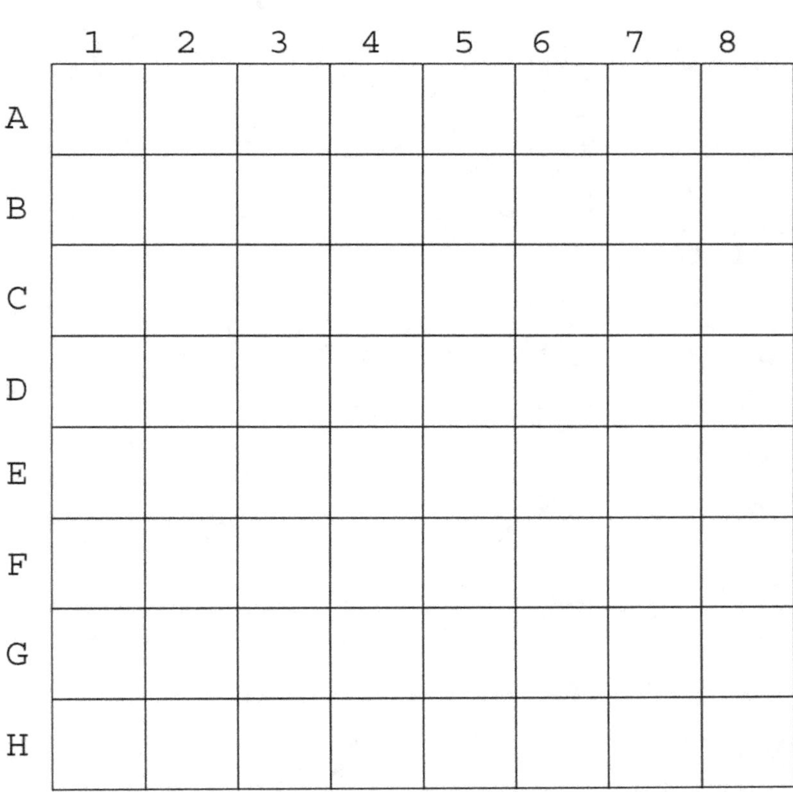
1 2 3 4 5 6 7 8
A
B
C
D
E
F
G
H

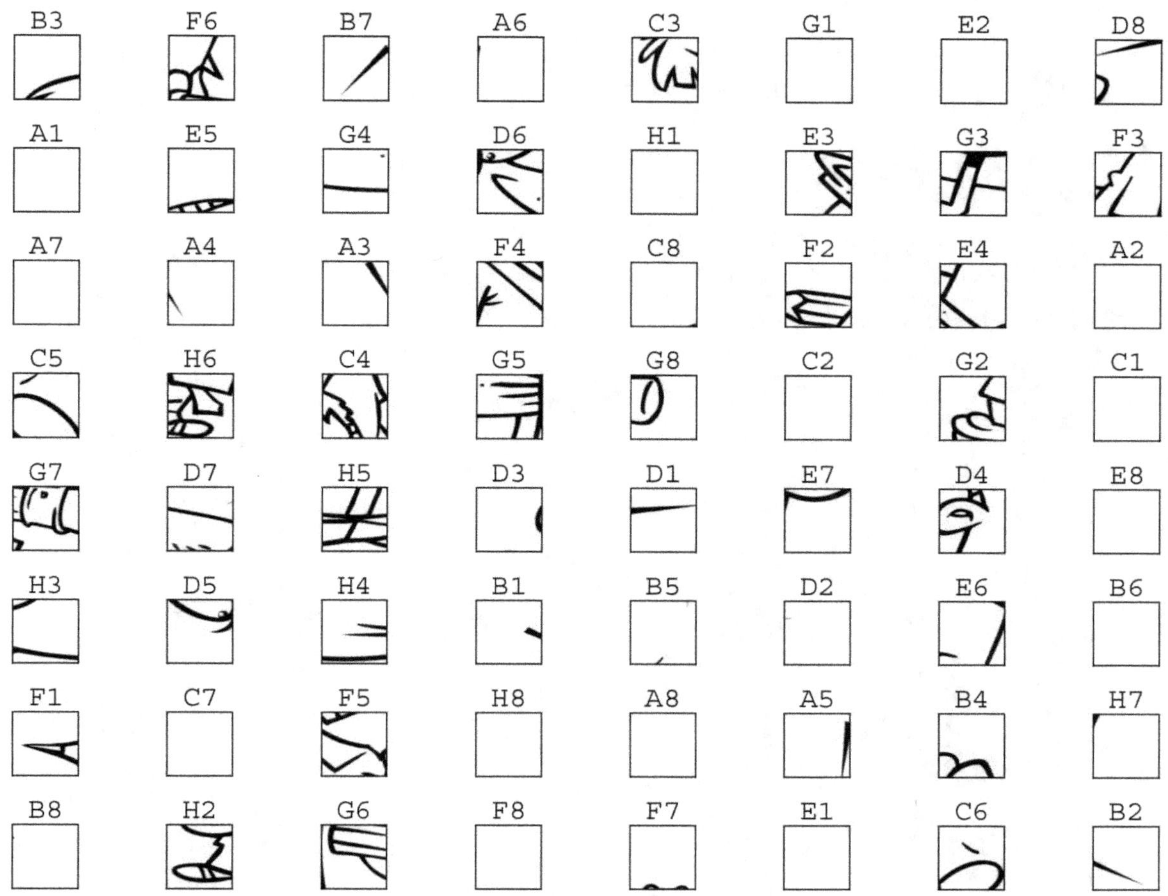
B3 F6 B7 A6 C3 G1 E2 D8
A1 E5 G4 D6 H1 E3 G3 F3
A7 A4 A3 F4 C8 F2 E4 A2
C5 H6 C4 G5 G8 C2 G2 C1
G7 D7 H5 D3 D1 E7 D4 E8
H3 D5 H4 B1 B5 D2 E6 B6
F1 C7 F5 H8 A8 A5 B4 H7
B8 H2 G6 F8 F7 E1 C6 B2

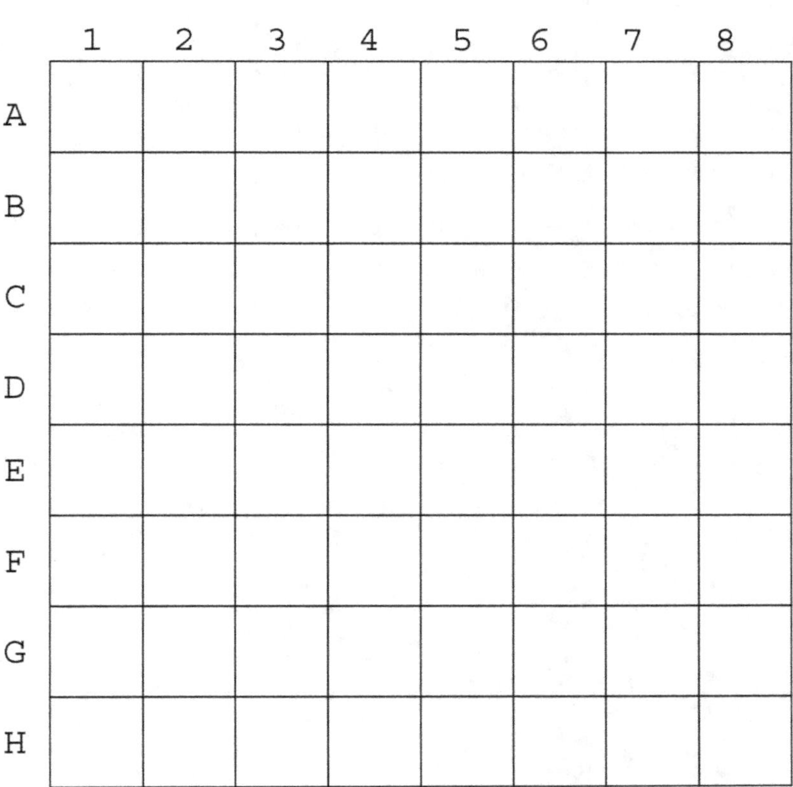
1 2 3 4 5 6 7 8
A
B
C
D
E
F
G
H

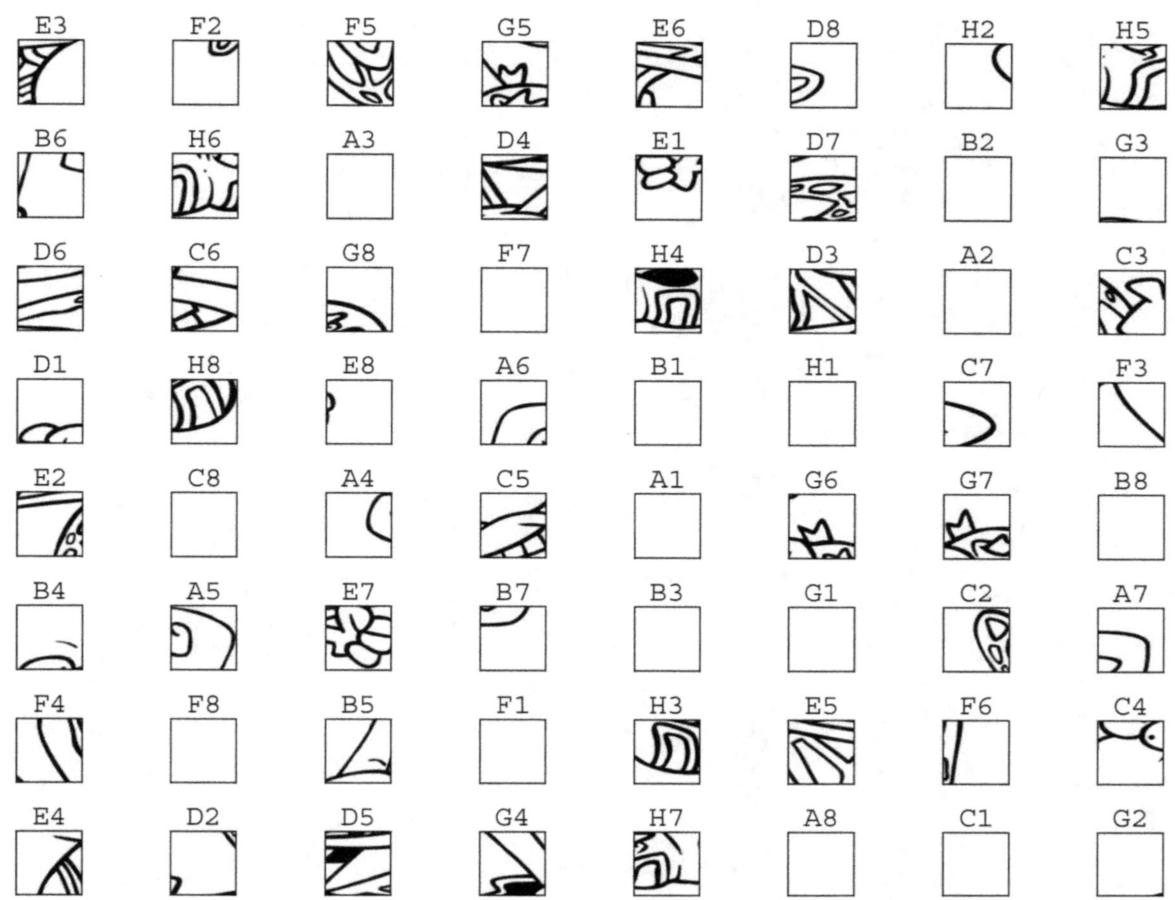
E3 F2 F5 G5 E6 D8 H2 H5
B6 H6 A3 D4 E1 D7 B2 G3
D6 C6 G8 F7 H4 D3 A2 C3
D1 H8 E8 A6 B1 H1 C7 F3
E2 C8 A4 C5 A1 G6 G7 B8
B4 A5 E7 B7 B3 G1 C2 A7
F4 F8 B5 F1 H3 E5 F6 C4
E4 D2 D5 G4 H7 A8 C1 G2

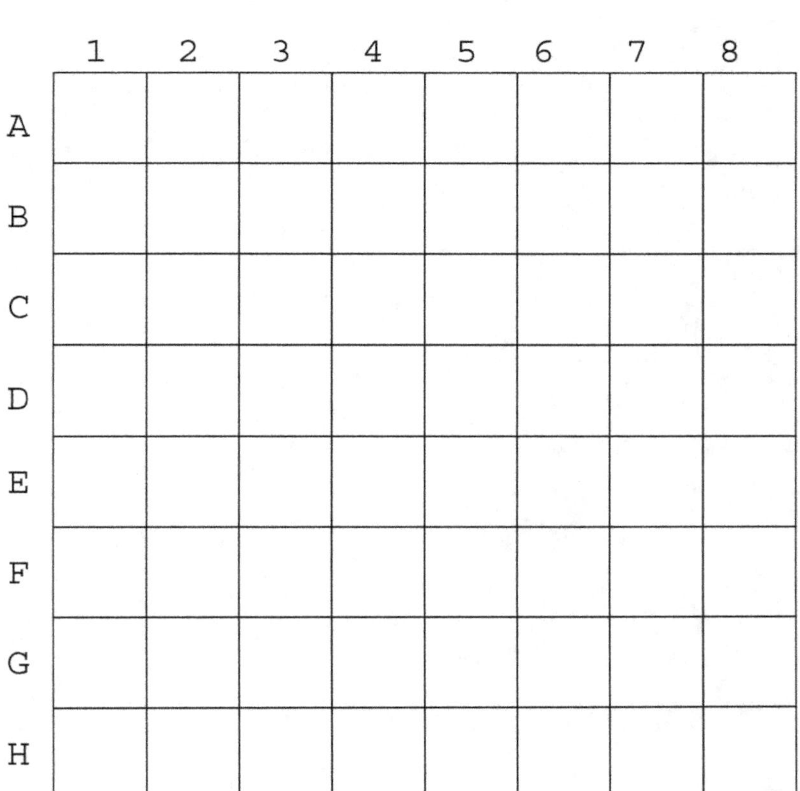
1 2 3 4 5 6 7 8
A
B
C
D
E
F
G
H

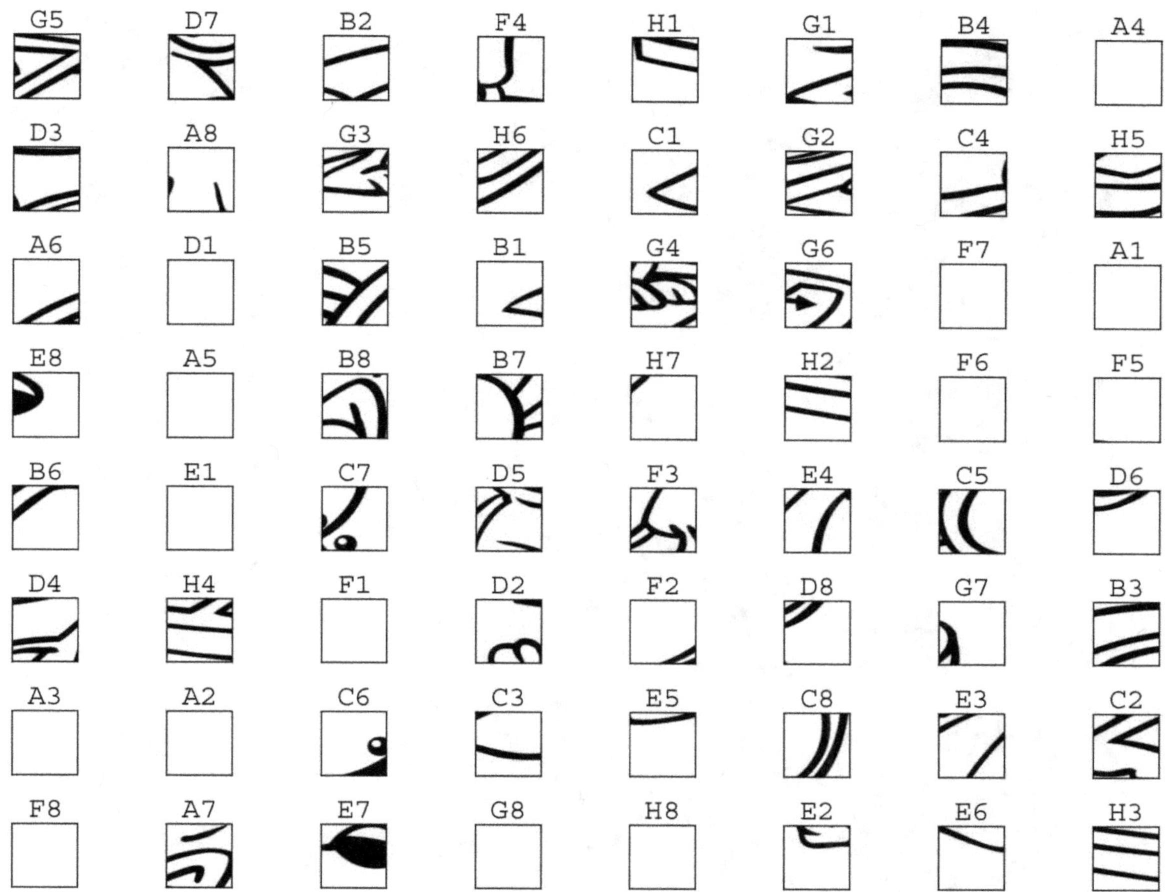
G5 D7 B2 F4 H1 G1 B4 A4
D3 A8 G3 H6 C1 G2 C4 H5
A6 D1 B5 B1 G4 G6 F7 A1
E8 A5 B8 B7 H7 H2 F6 F5
B6 E1 C7 D5 F3 E4 C5 D6
D4 H4 F1 D2 F2 D8 G7 B3
A3 A2 C6 C3 E5 C8 E3 C2
F8 A7 E7 G8 H8 E2 E6 H3

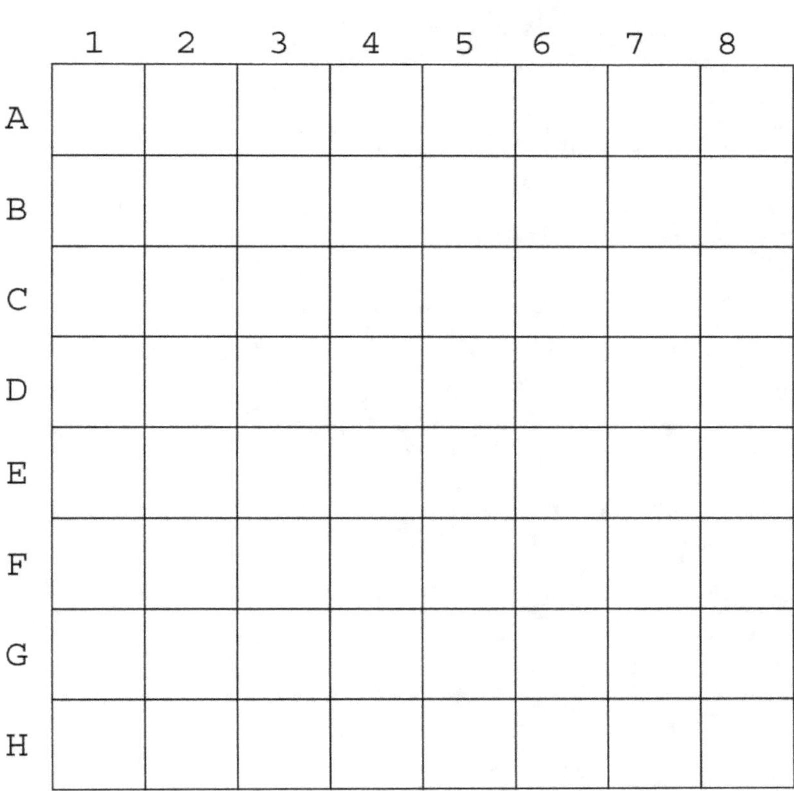
1 2 3 4 5 6 7 8
A
B
C
D
E
F
G
H

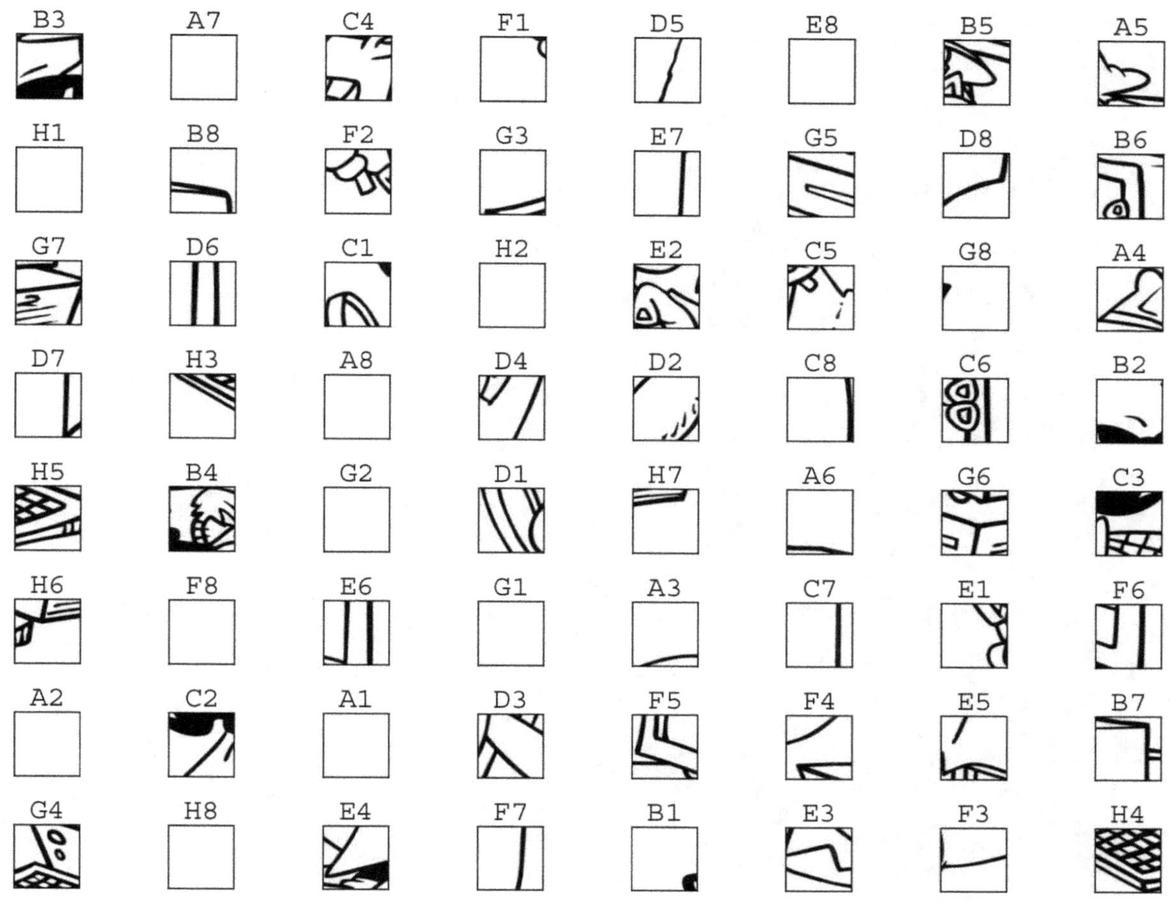
B3 A7 C4 F1 D5 E8 B5 A5
H1 B8 F2 G3 E7 G5 D8 B6
G7 D6 C1 H2 E2 C5 G8 A4
D7 H3 A8 D4 D2 C8 C6 B2
H5 B4 G2 D1 H7 A6 G6 C3
H6 F8 E6 G1 A3 C7 E1 F6
A2 C2 A1 D3 F5 F4 E5 B7
G4 H8 E4 F7 B1 E3 F3 H4

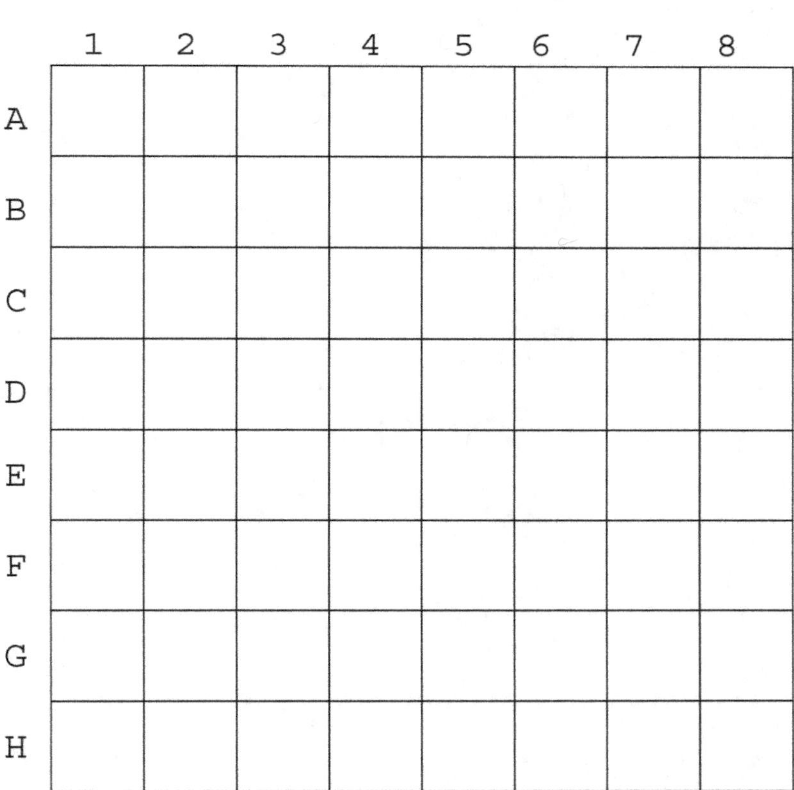
1 2 3 4 5 6 7 8
A
B
C
D
E
F
G
H

Thank you for completing our book! We appreciate your time and hope you enjoyed the experience. If you're up for more creative challenges, check out our other Pik-Jig books. Explore new grids and dive into the joy of artistic discovery. Happy drawing!

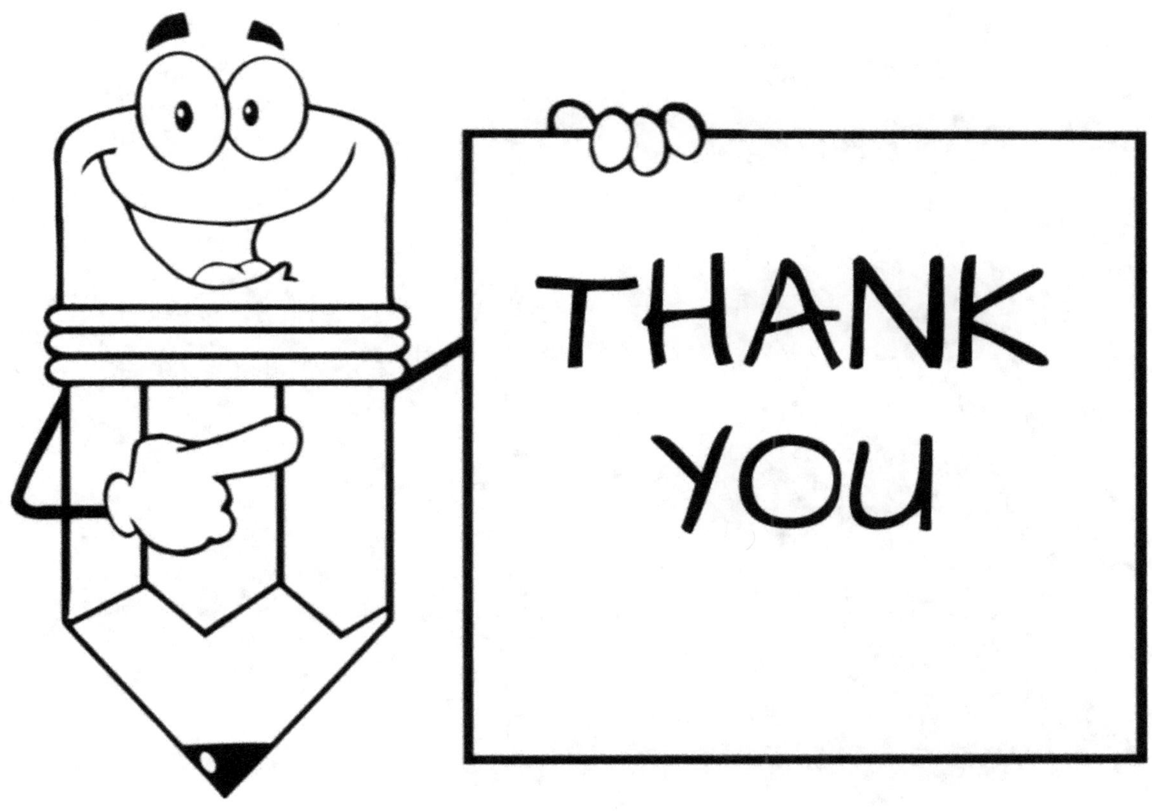

www.ingramcontent.com/pod-product-compliance
Lightning Source LLC
LaVergne TN
LVHW080817170826
845678LV00011B/2046

* 9 7 9 8 8 8 2 1 6 0 8 5 1 *